SERGIO BAMBAREN

Die Blaue Grotte

SERGIO BAMBAREN

Die Blaue Grotte

Die Geschichte einer besonderen Begegnung

Aus dem Englischen von Gaby Wurster

Piper
München Zürich

Originaltitel: »Francesco«

Von Sergio Bambaren liegen auf Deutsch außerdem vor:
Der träumende Delphin
Ein Strand für meine Träume
Das weiße Segel
Der Traum des Leuchtturmwärters
Samantha
Stella
Die Botschaft des Meeres
Die Zeit der Sternschnuppen
Der kleine Seestern
Die Rose von Jericho

Kontakt zum Autor:
s.bambaren@speedy.com.pe und www.sbambaren.com

FSC
Mix
Produktgruppe aus vorbildlich bewirtschafteten Wäldern und anderen kontrollierten Herkünften
Zert.-Nr. GFA-COC-1298
www.fsc.org

ISBN: 978-3-492-05116-3

Abbildung: Rainer Hackenberg/Zefa/Corbis
Gesamtherstellung: Kösel, Krugzell
Printed in Germany

www.piper.de

O Herr, mach mich zum Werkzeug Deines Friedens –
Dass ich Liebe bringe, wo man hasst;
Dass ich Versöhnung bringe, wo man sich kränkt;
Dass ich Einigkeit bringe, wo Zwietracht ist;
Dass ich den Glauben bringe, wo Zweifel quält;
Dass ich die Wahrheit bringe, wo Irrtum herrscht;
Dass ich Hoffnung bringe, wo Verzweiflung droht;
Dass ich Freude bringe, wo Traurigkeit wohnt;
Dass ich Licht bringe, wo Finsternis waltet.

O Herr, hilf mir, dass ich nicht danach trachte,
Getröstet zu werden, sondern zu trösten,
Verstanden zu werden, sondern zu verstehen,
Geliebt zu werden, sondern zu lieben.

Denn wer gibt, der empfängt;
Wer verzeiht, dem wird verziehen.
Wer stirbt, der erwacht zu ewigem Leben.

Gebet des heiligen Franziskus von Assisi

Vorwort

Das Leben ist eine Frage der Wahrnehmung.

Wenn ich meine Erwartungen auf ein Minimum reduziere, verwandelt sich das Leben in eine Reihe schöner Überraschungen. Wenn ich nichts erwarte, bin ich dankbar und fühle mich gesegnet von all dem Wunderbaren, das das Leben für mich bereithält.

Bei meinen Reisen rund um die Welt habe ich gelernt, dass ich immer einen Umweg machen muss, um die verborgenen Schätze dieser Erde zu finden. Erscheint die Zukunft, oder in diesem Fall der Weg, zu gefährlich, um weiterzugehen, so fordert mich eine innere Stimme auf, umzukehren und auf die sichere Seite zurückzukehren. Warum ein Risiko auf sich nehmen?

An diesem Punkt muss ich auf mein Herz hören und einen Weg einschlagen, den ich noch nie gegangen bin. Und dann zeigt mir das Leben etwas noch

Tolleres, als ich erwartet, einen Schatz, den ich nie gesucht hätte.

Dieses Buch soll eine Hommage an einen Menschen sein, der vor vielen Jahrhunderten lebte und mich schon immer faszinierte: der heilige Franziskus von Assisi.

Es dauerte einige Zeit, bis ich begriff, warum er für mich so wichtig ist: wegen seiner Liebe zur Natur und zur Kreatur, sei sie groß oder klein, und seiner Liebe zum Leben. Er machte aus seinem Leben einen Freudengesang und stellte sich gegen alle herrschenden Regeln und Gebote – nicht, weil er gegen das System an sich war, nein, er folgte seinem Herzen. Nun teile ich zwar nicht in allen Punkten seinen Glauben, doch ich werde den heiligen Franziskus immer bewundern und will versuchen, ihm in seinem uneigennützigen Tun nachzueifern: zu geben, ohne etwas zurückzuverlangen.

Vor einiger Zeit sagte man mir, meine Abenteuer seien vorbei und ich hätte die besten Jahre meines Lebens hinter mir. Warum also verabschiedete ich mich nicht von den verrückten Ideen, die mir immer in den Sinn kommen? Warum setzte ich mich nicht zur Ruhe und genoss meine materielle Sicherheit?

Nun sitze ich hier auf der Veranda einer kleinen Wohnung mit einem grandiosen Blick über den Pazifik, halte ein Buch über den heiligen Franziskus in der Hand und denke, nein, es ist für mich noch nicht vorbei.

Das Buch schenkte mir meine Mutter kurz vor ihrem Tod. Sie schrieb:

Mein geliebter Sohn,

ich wollte Dir schon lange ein ganz besonderes Buch schenken. Könnte es denn einen besseren Zeitpunkt geben als jetzt, bevor es zu spät ist?

Ich weiß, dass wir im Geiste immer miteinander verbunden sein werden, wenn auch nicht unbedingt auf körperliche Weise.

Wenn Du um jene trauerst, die diese Welt nun verlassen müssen, so lies in diesem Buch. Diese Seiten werden Dir die Kraft geben, das Leben zu leben, das Du gewählt hast, und sie werden Dir das Gefühl geben, dass ich immer bei Dir bin, egal, wo Du bist, und egal, wo ich nun bald sein werde.

Geh Deinen Weg weiter und freue Dich an den einfachen, schönen Dingen, die diese Welt ausmachen und auf die Du Dich so gut verstehst.

Komme nie von Deinem Weg ab – niemals.

Mit all meiner Liebe, Deine Mom

Januar 1990

Wieder auf Reisen

Nach einem herrlichen Jahr, das ich mit Schreiben, Surfen, Arbeiten und der Besinnung verbracht hatte, hatten einige meiner europäischen Verlage eine zweimonatige Lesereise für mich organisiert: Spanien, Italien, Deutschland, Österreich, Schweiz.

Ich sollte viele Städte sehen, viele Leute treffen. Ich habe das Glück, dass die Menschen, mit denen ich dort zu tun habe, hochprofessionell sind und mir die Arbeit so angenehm wie nur möglich machen. Hinzu kommt, dass manche Lektoren inzwischen zu meinen besten Freunden überhaupt zählen und dass die finanzielle Seite der Arbeit, Vorschüsse und Tantiemen, zweitrangig geworden ist. Was ich erreicht habe, verdanke ich zum Großteil ihnen, den stillen »Machern« hinter den Kulissen, die meine Worte auf dem Papier Millionen Lesern zugänglich machen. Dafür danke ich ihnen.

Es war nun also wieder an der Zeit, die Koffer zu packen. Ich reise mit leichtem Gepäck, ich brauche nicht viel: Laptop, ein paar Hemden und Hosen und zwei Paar Schuhe, schwarze und braune, damit ich meine Kleidung für Lesungen und Fototermine immer wieder ein wenig anders kombinieren kann. Ich finde, ein leichter Koffer und ein Herz, das offen ist für Abenteuer, sind die Schlüssel zu einer erfolgreichen Reise – und auch zu einem erfolgreichen Leben. Es macht mich manchmal traurig, wenn ich sehe, dass der Schein heutzutage wichtiger ist als das Sein. Zum Glück zerbreche ich mir über solche Dinge nicht mehr allzu sehr den Kopf. Zu viel denken ist wie billiger Fusel – es tötet die Gehirnzellen. Daher: leben und leben lassen. Und seinen eigenen Weg gehen.

Meine Reise begann in Nordspanien und im französischen Teil des Baskenlands, wo ich zwei Wochen lang an einer herrlichen Küste surfen durfte. Zum ersten Mal war ich dort zu einer Zeit gewesen, als ich mich ganz verloren gefühlt hatte. Ich hatte einen äußerst lukrativen Job in Australien aufgegeben und mich entschlossen, ein Sabbatjahr einzulegen, ein Wohnmobil zu kaufen und durch Europa zu reisen, um mich wiederzufinden.

Damals hätte ich mir nie vorstellen können,

Schriftsteller zu werden. Ich verwendete all meine Energie darauf, die Seele des Kindes wieder freizulegen, das ich einst gewesen war, bevor ich mich im Labyrinth falscher Entscheidungen und trügerischer Hoffnungen verirrt hatte.

Nun war ich also wieder hier, zehn Jahre nachdem ich die schwierigste Entscheidung meines Lebens getroffen hatte: eine Stelle zu kündigen, die mir – wovon viele Menschen träumen – alle materiellen Wünsche erfüllte, und den Schritt in eine Richtung zu tun, wo alles gegen mich zu sein schien, Nein zu den Erwartungen zu sagen, die die Gesellschaft an mich hatte, und mich auf die Suche nach meinen Träumen zu machen. Daran erinnerte ich mich nun mit einem Lächeln. Doch glauben Sie mir, es war nicht leicht, diesen Entschluss zu fassen – alles sprach dagegen, keiner verstand mich. Nur einen Freund hatte ich immer an meiner Seite: das Meer. Und nachdem ich jetzt wieder vor diesen wundervollen Wellen aus fernen Landen stand, begriff ich, dass sie kein Alter haben. Wellen richten sich nicht nach Zeitplänen und Terminen, sie kommen und gehen, wie es ihnen gefällt. Diese Freiheit ist es wohl, die ich am Meer am meisten liebe und die mich mit ihm verbindet.

Vor vielen Jahren schrieb ich in Guincho, unweit von Lissabon, an einem schönen Strand voller Pinien, gesäumt von üppig grünen Hügeln und einem prächtigen Meer, meine Fabel *Der träumende Delphin*, ohne zu wissen, was aus meinem Leben werden würde. Damals flüsterte das Meer mir zu:

»Solange einer wie du weiter träumt und schreibt, werden die Menschen morgens mit einem Lächeln erwachen. Denn sie wissen, es gibt etwas, das wichtiger ist als alles andere: ihre Träume.«

Wer mit Sorge und Hetze durchs Leben geht, behandelt es wie ein Geschenk, das er unausgepackt in eine Ecke geworfen hat. Das Leben ist kein Wettrennen. Gehen Sie es langsamer an, und lauschen Sie der Musik, bevor das Lied zu Ende ist.

1 Das Leben des Franziskus

In Assisi, am Fuße des majestätischen Monte Subasio, wurde dem wohlhabenden Tuchhändler Pietro Bernardone und seiner Frau Pica, die einem provenzalischen Adelsgeschlecht entstammte, vor etwas mehr als achthundert Jahren ein Sohn geboren.

Er wurde auf den Namen Giovanni getauft, doch sein Vater, der geschäftlich viel in Frankreich unterwegs war und sich diesem Land sehr zugetan fühlte, nannte ihn Francesco.

Francesco wuchs unbeschwert auf. Er besuchte die Pfarrschule von San Giorgio, aber bei den Troubadouren lernte er wesentlich mehr, und da er alles andere als ein Kopfmensch war, schloss er seine Schulbildung nicht ab. Er war gutaussehend, wohlerzogen und höflich, für eine Kaufmannslaufbahn in den Fußstapfen seines Vaters hatte er sich allerdings nie interessiert. Dafür tat er sich bald unter den Patriziern von Assisi hervor – er führte jeden

Waffengang an, er kämpfte an vorderster Front im Krieg gegen Perugia und ließ kein Fest aus. Doch schon damals zeigte er eine Hinwendung zu den Armen. Trotz seines ausschweifenden und verschwenderischen Lebens bedachte er immer auch die Mittellosen und bewies seine Großmut.

Assisi

Wenn ich Italien bereise, nehme ich mir immer Zeit, einen ganz besonderen Ort aufzusuchen, egal, wie beschäftigt ich bin: Assisi in Umbrien.

Die Stadt selbst, mit ihrer schönen, gut erhaltenen Stadtmauer, ist jedoch nicht der Grund, warum ich Assisi immer wieder besuche, sondern weil dort der heilige Franziskus geboren wurde und viele Jahre lebte. Er war zwar ein Heiliger, doch ich möchte ihn einfach Franziskus nennen, denn tief in meinem Inneren weiß ich, dass er genau das Leben führte, das er gewählt hat – er wollte kein Heiliger werden, er wollte die Mission erfüllen, die er auf Erden hatte. Ich bewundere seine Liebe für die Schönheit der Schöpfung, sein Streben nach Frieden und Besinnung, die er draußen in der Welt wie auch in seinem Herzen suchte.

Es gibt sicherlich viele Menschen, die wie Heilige leben, doch man kennt sie nicht und wird sie nie heiligsprechen. Deswegen nenne ich sie lieber »außergewöhnliche« Menschen, besondere Menschen, die wie Franziskus aus ihrem Leben ein erhebendes Abenteuer machen und damit vielen anderen Menschen helfen. Als »Franziskus« erscheint er mir familiärer, menschlicher und sein Lebensweg noch viel wunderbarer.

Er wählte eine Stelle hoch oben am Berg, weit weg von der geschäftigen Stadt, und baute dort aus umbrischem Stein eine bescheidene Kartause, L'Eremo delle Carceri, mit einem atemberaubenden Blick übers Land, das in Pastellfarben schimmert. Dorthin zog er sich zurück, um in sich zu gehen und dem Gott, an den er glaubte und dem er diente, näher zu sein.

An diesem magischen Ort kann man sich in der Stille dieser unsichtbaren Kraft, genannt Schöpfung, ergehen. Bäume in allen Grüntönen, der Geruch feuchter Erde, Insekten und Vögel, die unbeirrt herumschwirren, ein leichter, frischer Morgenwind, die Melodie des Regens an manch einem Nachmittag. Schließt man die Augen und blickt nach innen, ist plötzlich jede Faser des Körpers von süßem Frieden erfüllt. Vor allem aber hat mich der Himmel über diesem idyllischen Ort fasziniert – von einem Blau, wie ich es noch nie zuvor gesehen hatte, einem so leuchtenden Blau, dass man es mit Worten gar nicht beschreiben kann.

Ich hatte diese Einsiedelei vor einigen Jahren entdeckt und immer wieder aufgesucht, weil ich nachempfinden wollte, was Franziskus gefühlt hatte, und weil ich hoffte, auf diese Weise eines Tages aus meinem Leben – wenn auch nur zu einem verschwindend geringen Teil – das zu machen, was Franziskus aus seinem Leben gemacht hatte.

Zuletzt war ich vor acht Jahren in Assisi und im Eremo gewesen. Ich konnte es also kaum erwarten, zurückzukehren und meine Seele mit dem tiefen Frieden zu füllen, den dieser großartige Mann in die Berge über Assisi gebracht hatte. Doch leider erkannte ich die Stadt kaum wieder – überall Souvenirstände, es wimmelte von Menschen, Dutzende Busse luden Touristen ab. Assisi ist berühmt geworden: ein Touristenmekka nicht nur für Pilger, die Frieden und innere Einkehr suchen, sondern für jeden, der eine Kamera hat und sich vor dieser schönen mittelalterlichen Kulisse fotografieren lassen will. Natürlich ist das gut für die lokale Wirtschaft, ich will es auch gar nicht verdammen – Assisi hatte sich einfach verändert, so wie sich alles mit der Zeit ändert, doch ich hatte es eben anders in Erinnerung gehabt.

Die Stadt war also voller Touristen – dabei waren noch nicht einmal Sommerferien! Ich setzte mich in ein Café und fürchtete, dass dieses besondere Gefühl, das mich in diesem Teil der Welt immer erfüllt hatte, nun für immer verschwunden wäre. Ich war traurig, sehr traurig. In meiner Heimatstadt werden die Strände Jahr für Jahr voller, und manchmal muss man beim Surfen richtiggehend um die Wellen kämpfen. So auch hier: Anstatt oben beim Eremo zu sitzen und zu meditieren, um Verbindung mit der Seele dieses wundervollen Mannes und ein wenig von seiner Energie aufzunehmen, müsste ich wohl Schlange stehen, nur um einen Blick auf die Kartause zu erhaschen, und gegen die Menschenmassen ankämpfen, die sich an dem Ort fotografieren lassen wollen, wo der heilige Franz seine letzten Lebensjahre verbracht hatte.

Doch nach diesem Moment der Trauer und Sorge ging es mir schon wieder besser. Ich dachte: *Achte darauf, wie du die Welt betrachtest, denn die Welt ist genau so, wie du sie siehst.*

Ich lächelte wehmütig, schüttelte den Kopf und warf einen letzten Blick auf das schöne Assisi. Ich trank meinen Kaffee aus, bezahlte und ging zu meinem Mietwagen zurück. Auch am nächsten Tag wollte ich nicht zum Eremo gehen, ich wollte in Erinnerung behalten, was ich damals empfunden hatte, als ich ihn entdeckt hatte. Dort gab es nun für mich nichts mehr zu entdecken. Nun sollten andere bergan wandern. Und so fuhr ich gemächlich hinunter Richtung Neapel.

Ich war nicht wütend, auch nicht enttäuscht. Und in diesem Augenblick wurde mir klar, dass der Himmel über meinem Leben immer blau sein würde, selbst an grauen Tagen, denn ich musste mir angewöhnen, hinter die Wolken zu blicken und die Sterne zu sehen.

2 Das Leben des Franziskus

Als Zwanzigjähriger zog Franziskus mit den Mannen in den Kampf gegen die Nachbarstadt Perugia, mit der Assisi immer wieder verfeindet war.

Die Truppen aus Assisi wurden geschlagen, Franziskus gefangen genommen und über ein Jahr in Perugia festgehalten. Offenbar wurde ihm in der Gefangenschaft bewusst, was für ein leeres Leben er bis dahin geführt hatte. Dies war das erste Anzeichen für das, was noch kommen sollte.

Zunächst kehrte er nach Assisi zurück und wollte Ritter werden. In der Nacht, bevor er in den Krieg der Papsttreuen gegen den Stauferkaiser zog, hatte er jedoch einen seltsamen Traum. Er träumte von einem Rittersaal, in dem Wappenschilde mit dem Kreuz hingen. »Die sind für dich und deine Gefährten«, sagte eine Stimme.

Erst maß er diesem Traum keine große Bedeutung bei, doch auf dem Weg nach Apulien, wo er sich dem päpstlichen Lehensmann Walter von Brienne anschließen wollte, forderte ihn in Spoleto dieselbe Traumstimme auf: »Kehre zurück in deine Heimat, denn ich will dein Gesicht in geistlicher Weise erfüllen.«

Franziskus war damals vierundzwanzig Jahre alt, zwar zechte er noch manchmal mit seinen früheren Kameraden, doch mit dem Herzen war er nicht mehr dabei. Innerlich hatte er bereits den spirituellen Weg eingeschlagen, dem er bis zu seinem Lebensende folgen sollte.

Seine Freunde fragten ihn einmal, ob er nicht heiraten wolle. »Doch«, sagte er, »ich nehme mir eine Braut von unübertroffener Schönheit.«

Ihr Name war Armut, und sie wurde seine Herrin.

Der wenig begangene Weg

Ehrlich gesagt, war ich schon ein wenig enttäuscht von meiner Reise nach Assisi. Natürlich gehöre ich zu den Glücklichen, die vor vielen Jahren stundenlang in aller Ruhe im Eremo sitzen oder einfach nur über die grünen Hügel spazieren und sich der Natur ganz nahe fühlen durften. Doch das ist lange her. Zumindest konnte ich viele schöne Erinnerungen sammeln. Und wer dies sein Leben lang tun kann, muss einfach glücklich sein.

Der wenig begangene Weg lag vor mir. Es war schon dunkel, doch ich wusste, ich musste weiterfahren. Ich hatte Neapel bereits passiert und die Autobahn verlassen, nun fuhr ich über enge, kurvenreiche Sträßchen und wusste nicht, wohin sie mich führten. Doch wieder einmal hörte ich auf mein Herz. An einer Kreuzung bog ich falsch ab und kam plötzlich in die Berge statt auf die Küstenstraße. Zehn, zwanzig, dreißig Kilometer fuhr ich im Schneckentempo dahin. Ich fühlte mich ganz verlassen in dieser Regennacht. Wo würde mein Weg enden?

So nutzte die innere Stimme, die mein Herz immer zum Verstummen bringen will, meine Angst aus:

»Kehr um! Es wird gefährlich. Du könntest ums Leben kommen. Warum willst du wieder mal deine Grenzen ausreizen? Geh zurück auf die sichere Seite!«

Die Straße wurde immer tückischer, die Sicht war miserabel, und ich, verloren in schwarzer Nacht und verängstigt bis ins Mark, wäre fast nach Neapel zurückgefahren. Doch da sprach die andere Stimme, auf die ich – allein an einem fernen Ozean, ja sogar in Assisi – zu hören gelernt hatte:

»*Ich weiß nicht, wohin ich gehe … Gut so. Das ist der beste Weg, an Orte zu gelangen, wo man noch nie war.*«

Ich hielt am Straßenrand und atmete tief durch. Ich sah in den Himmel: Myriaden von Sternen leuchteten in der Dunkelheit. Es hatte aufgehört zu regnen. Ich lächelte – wie hatte sich mein Leben doch verändert an jenem Tag, als ich begriffen hatte, dass mich nie wieder diese Leere bedrücken würde, solange ich der Spiritualität Vorrang gab. Auch Franziskus hat dies wohl auf seine Weise begriffen.

Ich sah in die Sternennacht. Die schlechte Saat

konnte wieder einmal im Keim erstickt werden. Ich ließ den Motor an und fuhr weiter, ich war sicher, dass ich auf dem richtigen Weg war.

Mitunter fahre ich mit einer Art »Autopilot«. Ich konzentriere mich nur auf die Straße, halte das Lenkrad mit beiden Händen fest und denke einfach an gar nichts. So fahre ich Stunden dahin, und es geht mir gut dabei. Wenn ich unterwegs bin, habe ich das Gefühl, im Leben weiterzukommen.

Nach ungefähr einer Stunde war ich auf dem Bergsattel, dann fuhr ich durch einen Tunnel. Auf der anderen Seite führte die Straße bergab. An den steilen Hängen waren kleine Lichter zu sehen. Und in der Ferne war alles schwarz.

Endlich das Meer!

3 Das Leben des Franziskus

Im Gebet und in der Klausur suchte Franziskus die Antwort auf seine Berufung. Sein ausschweifendes Leben hatte er aufgegeben, seine teuren Kleider abgelegt.

Eines Tages ritt er durch die umbrische Ebene und traf einen Leprakranken. Das abstoßende Äußere des Mannes machte ihm zuerst Angst. Doch Franziskus' Geist war nun erwacht, und er nahm den wenig begangenen Weg. Er saß ab, umarmte den Mann und gab ihm alles Geld, das er bei sich hatte. Durch dieses Erlebnis erfuhr er, wie glücklich es macht, zu geben, ohne etwas dafür zu verlangen, und materielle Besitztümer auf der Suche nach spirituellen Antworten aufzugeben. Daraufhin pilgerte er nach Rom, um sein neues Leben »auszuprobieren«. Er tauschte die Kleider mit einem Bettler und stellte sich den ganzen Tag zusammen mit anderen Bedürftigen vor das Portal des Doms.

Bei Franziskus' Rückkehr nach Assisi geriet sein Vater wegen dieses skandalösen Verhaltens vollkommen außer sich. Um dem väterlichen Zorn zu entkommen, versteckte Franziskus sich einen Monat lang in einer Grotte bei der Kirche San Damiano, unterhalb von Assisi. Als er am Ende hungrig, schmutzig und verwahrlost wieder in die Stadt zurückkehrte, empfing ihn eine wütende Menge, bewarf ihn mit Steinen und Dreck und schimpfte ihn einen Verrückten. Sein Vater schleifte ihn schließlich nach Hause, verprügelte ihn und sperrte ihn in eine dunkle Kammer.

Amalfi

Nachdem ich etwa eine halbe Stunde die Serpentinen hinabgefahren war, sah ich die einladenden Lichter von Sorrent, der ersten Stadt auf dem Weg, die einzigartig an den Klippen der süditalienischen Küste liegt. Ich wunderte mich, dass auf den Friedhöfen bei Nacht tausend Lichter brannten – ein toller Anblick, weil sie wie alles hier an den Felsen klebten.

Ich war müde und suchte ein Quartier direkt am Meer. Es gab einige schöne Hotels, doch ich konnte mich nicht entscheiden. Überdies ließ meine innere Stimme nicht zu, dass ich anhielt.

Wieso? Ich war müde und wünschte mir nichts sehnlicher als ein warmes, bequemes Bett. Doch irgendetwas schien nicht zu passen.

»Fahr weiter, du kommst der Sache immer näher …«

Was sollte ich tun? Auf meine innere Stimme

hören oder der Müdigkeit nachgeben und im erstbesten Hotel absteigen?

Gut, sagte ich mir und fuhr weiter in die Nacht hinein, die vor mir lag.

Nach zehn, fünfzehn Minuten kam ich in die nächste Stadt, Amalfi. Ich war zwar völlig übernächtigt, dennoch konnte ich mich an der Schönheit freuen, die sich dort in der Nacht verbarg. Die Stadt mit ihren alten, angestrahlten Kirchen funkelte und glitzerte wie ein geschliffener Diamant auf den Klippen über den schwarzen Wogen des Mittelmeers.

Was tat ich hier? Ich wollte eigentlich in Sorrent übernachten, doch wieder einmal hatte das Schicksal in dieser Nacht andere Pläne mit mir.

Schließlich kam ich ins Zentrum von Amalfi. Die frische Seeluft in dem malerischen Fischerhafen ist vom Duft der leuchtend gelben Zitronen erfüllt, aus denen ein starker Likör hergestellt wird, der Limoncello.

Und jetzt?, dachte ich.

»*Fahr weiter*«, hörte ich.

Also fuhr ich weiter.

Amalfi ist nicht größer als Sorrent, und ich war bereits nach wenigen Minuten wieder am Stadtrand. Nun war ich wirklich erschöpft, es war immerhin schon halb vier in der Nacht. Was tun?

Und dann geschah es. Auf der engen, gewundenen Küstenstraße hinter Amalfi hörte ich plötzlich:

»*Halt an!*«

Anhalten? Wo?, fragte ich mich. Doch dann sah ich am Straßenrand einen kleinen Parkplatz vor einem alten Gebäude. Wunderschön beleuchtete Balkone ragten aus dem weißen Bau trotzig übers Meer hinaus. Der Eingang direkt vor mir war aus antikem gesprenkelten Marmor. Das Haus hatte vier, fünf Stockwerke, sah aber gar nicht aus wie ein Hotel. Am Eingang war kein Schild, nichts, was die Aufmerksamkeit des müden Reisenden auf sich gezogen hätte. Dennoch stieg ich aus, um das Gebäude genauer in Augenschein zu nehmen. Und es war tatsächlich ein Hotel.

In einer dunklen Ecke neben der Tür lag ein Mann auf dem Boden. Erst wollte ich an ihm vorbeigehen, doch dann dachte ich, dass er vielleicht Hilfe brauchte. Ich ging zu ihm. Er fror, er war schmutzig und völlig betrunken. Also holte ich aus dem Wagen ein Sandwich und Kaffee, den ich immer dabeihabe, wenn ich nachts Auto fahre. Ich gab ihm, was ich hatte, und aus seinen Augen strahlte plötzlich Freude.

»Grazie«, sagte er.

Ich blieb vielleicht zehn Minuten bei ihm, dann schlief er wieder ein. Ich deckte ihn mit der speckigen Decke zu, mit der er sich vor der Kälte der Nacht schützte. Als ich zur Tür ging, dachte ich, dass ich einen Mann wie ihn früher als dreckigen Bettler angesehen hätte; nachdem ich aber meine Spiritualität wiederentdeckt hatte, betrachtete ich ihn als Bruder. Was hatte diesen armen Kerl in die Verwahrlosung getrieben? Hinter jeder verlorenen Seele steckt eine traurige Geschichte. Ich betete für ihn und hoffte, dass er sich eines Tages wieder von seiner inneren Schwäche erholen würde. Wie ich.

Hotel Luna

Auch heute ist die Erinnerung an die folgenden Minuten verschwommen. Nach der langen Fahrt war ich natürlich sehr müde. Ich ging in den zweiten Stock, wo die Rezeption war. Ein schläfriger, aber gutgelaunter Mann namens Antonio empfing mich.

»Herzlich willkommen«, sagte er.

»Hallo. Haben Sie noch ein Zimmer frei?«

»Aber klar! Soll ich es Ihnen zeigen? Es ist Nebensaison, ich kann Ihnen einen guten Preis machen. Das Zimmer hat einen traumhaften Balkon mit Blick aufs Tyrrhenische Meer.«

Das genügte mir schon.

»Ich nehme das Zimmer.«

Am nächsten Tag schlief ich lange. Die Sonne, die durch die Fenster schien, verriet mir, dass der Morgen schon weit fortgeschritten war. Ich stand auf, streckte mich und ging zu der offenen Balkontür.

Ich konnte es kaum glauben – das Hotel hoch oben auf den Klippen schien über dem Meer zu schweben. Das Wasser war von einem Türkisblau, dass man schon Gott sein müsste, um es zu beschreiben.

Frieden, Ruhe, Meer – ein Winkel der Welt, wo ich fernab der Massen ich selbst sein konnte.

Kleine Kirchen und Villen sprenkelten hier und da den Fels, an den Hängen wuchsen Oliven- und Zitronenbäume.

Ich duschte, zog mich an und ging barfuß auf den Balkon. Dort genoss ich bei herrlichem, frisch gebrühtem Kaffee die Aussicht. Dann sah ich ein paar Hotelbroschüren im Zimmer liegen, ich blätterte sie durch, eine aber stach mir ins Auge. Ich schlug sie auf und las:

»Willkommen im Hotel Luna Convent. Einst eine schlichte Herberge, ist es nun eines der bekanntesten Häuser an der Amalfiküste. Zahlreiche berühmte Persönlichkeiten weilten schon hier und bescheinigten …«

Was tat ich hier? Das war nicht gerade die Kategorie von Hotel, wo ich normalerweise abstieg. Für mich ist ein Hotel nur eine Übernachtungsmöglichkeit; ob eine Biwakhütte im Himalaja, ein Zelt an einem schönen Strand oder ein Viersternehotel wie dieses hier, für mich ist es lediglich ein Platz zum Ausruhen.

Ich wollte die Broschüre schon wieder weglegen, da sah ich ganz unten den klein gedruckten Satz:

»... eingerichtet in einem ehemaligen Kloster, das Franz von Assisi 1222 gegründet hatte.«

Ich lächelte. Nun wusste ich, warum ich ausgerechnet an diesem abgeschiedenen Ort gelandet war. Und ich würde in meinem ganzen Leben nie wieder sagen: »Ach, was für ein Zufall!« Denn ich weiß nun, dass wir immer dorthin gelangen, wo wir hinmüssen, wenn wir uns von den Fesseln des »normalen« Lebens befreien und unseren eigenen Weg gehen. In meinem Fall habe ich eben auf die Stimme meines Herzens gehört und bin weitergefahren.

Nun sitze ich auf dem Balkon meines Hotels, das einmal ein Kloster war. Es ist Abend, ich war den ganzen Tag über in Amalfi – eine schöne, kleine Stadt, ruhig, friedlich, voller Blumen und Menschen mit einem breiten Lächeln. Ich badete sogar in den erfrischenden Fluten und fühlte mich nach den Wochen, die ich fern vom Meer verbracht hatte, wieder »wie ein Fisch im Wasser«. Die Zeit fliegt nur so dahin, wenn man Freude am Leben hat. Und bevor ich mir darüber klar werden konnte, wie lange ich mich schon hier erging, war es bereits wieder dunkel.

Dutzende kleiner Lichter leuchten an den Felsen, eine sanfte Brise streichelt mein Gesicht. Unten in der Stadt gehen die Menschen ihren täglichen Verrichtungen nach, sie sind hier zu Hause, ich aber habe hier ein kleines Paradies gefunden.

Ich denke, Erfolg ist etwas ganz anderes, als man gemeinhin darunter versteht. Es geht nicht um Titel oder Ämter, und es hat auch nichts mit Herkunft und Ausbildung zu tun. Es spielt keine Rolle, wie groß Ihr Haus ist und wie viele Wagen in Ihrer Garage stehen. Es ist egal, ob Sie Angestellter oder Chef und Mitglied in exklusiven Clubs sind, ob Sie geschliffen sprechen und Markenkleidung tragen, ob Sie Fremdsprachen beherrschen oder jung und attraktiv sind.

Die Frage ist, wie viele Menschen Sie vermissen, wenn Sie tot sind, wie vielen Menschen Sie helfen konnten, wie viele Sie weder gekränkt noch verletzt haben und wie versöhnlich und tolerant Sie waren.

Um im Leben Erfolg zu haben und auf der Gewinnerseite zu stehen, muss man seinen Träumen Vorrang geben, ungeachtet dessen, was die anderen denken. Man muss etwas erreichen, ohne anderen zu schaden, man darf nicht nur den Kopf benutzen, sondern muss auch das Herz sprechen lassen. Waren Sie egoistisch oder großzügig? Haben Sie die Natur geliebt und geschützt? Haben Sie auf Kinder gehört und sich um Betagte gekümmert?

Ein gutes, anständiges Leben hängt von Freundlichkeit und gutem Willen ab. Dienen, statt bedient zu werden. Sagen, was gesagt werden muss. Es ist nicht wichtig, wie viele Menschen man kennt, sondern wie viele Menschen einen wirklich lieben. Man muss ein reines Gewissen und den Wunsch haben, mehr zu sein, statt mehr zu besitzen. Und es geht nicht darum, wie viel Geld oder Kreditkarten man in der Brieftasche hat, sondern wie viele schöne Erinnerungen man im Herzen trägt.

Danke, Franziskus. Danke, dass du mich daran erinnert hast, dass es tagtäglich kleine Wunder gibt – damit meine ich nun nicht, dass Tote wieder auferstehen oder Blinde sehen können –, aber eben doch Wunder. Zum Beispiel, dass ich hierher fand, an einen Ort, den ich nicht gekannt und von dem ich nicht gewusst hatte, dass es ihn überhaupt gibt, der mich aber sicherlich erwartet hatte.

Neben mir auf dem Balkon sitzt ein prachtvoller Schmetterling – als würde er meinen Gedanken lauschen. Ich hole ein Blatt Papier und schreibe:

»Schöner Schmetterling,
Freund für einen Tag oder auch nur für einen
Augenblick,
Immer werde ich Deinen leichten Flug vor mir sehen,
Von Blume zu Blume,

Von Blüte zu Blüte,
Wie Du Dich durchs Leben treiben lässt
Und den süßen Nektar genießt, zu dem Dich Deine Bestimmung führt.«

4 Das Leben des Franziskus

Als Franziskus' Vater auf Reisen ging, befreite ihn die Mutter aus seiner Kammer, und er fand Schutz beim Priester von San Damiano. Dennoch wurde er vom Vater vor den Rat der Stadt zitiert und gezwungen, auf sein Erbe zu verzichten.

Zu aller Erstaunen willigte er sofort ein und erklärte, er unterliege nicht mehr der zivilen Gerichtsbarkeit, seit er im Dienste Gottes stehe. Er legte seine Kleider ab und gab sie seinem Vater. Nun wusste er, was es bedeutete, auf alle weltlichen Güter, Ehrenrechte und Privilegien zu verzichten, und zog sich wieder in die Berge von Assisi zurück.

Nackt und halb erfroren schleppte er sich in ein nahes Kloster und arbeitete dort eine Zeitlang als Küchenhilfe. In Gubbio, seiner nächsten Station, gab ihm ein Freund Kutte, Gürtel und Pilgerstab. Er kehrte nach Assisi zurück und bettelte um Steine für den Wiederaufbau der alten Kapelle San

Damiano, die er vollständig wiederherstellte. Später restaurierte er zwei weitere verfallene Kirchen – San Pietro außerhalb der Stadt und Santa Maria degli Angeli, Portiunkula genannt, unten im Tal. Ansonsten widmete er sich ganz der Nächstenliebe, besondere Pflege ließ er den Aussätzigen angedeihen.

Das Inselreich

Hier, direkt am Meer, ruhte ich in mir. Am Abend schwamm ich nackt in der Bucht und aalte mich im Wasser, das in meinem früheren Leben eine so wichtige Rolle gespielt hatte.

Ich ging zum Frühstück in den Speisesaal – nichts Ausgefallenes, lediglich frisch gebrühter Kaffee, in Olivenöl geröstetes Weißbrot und Orangensaft.

Dann besuchte ich eine Freundin, die ich am Abend zuvor gefunden hatte: eine Schildkröte. Sie lebte in dem Brunnen, der früher das Zentrum dieses magischen Klosterhotels gewesen war, und wartete schon auf mich. Wir unterhielten uns lange; ich erzählte ihr, wie ich hier in Franziskus' Konvent gelandet war, ohne es zu wissen, und dass er Schildkröten genauso oder gar noch mehr liebte als ich. Ich erzählte ihr auch von der Initiative, in der ich an einem fernen Meer mitarbeitete, um den Menschen nahezubringen, dass wir alle Meeresbewohner schützen müssen, dass jedes einzelne Lebewesen wichtig ist für die Welt, ungeachtet seiner Größe und seines Lebensraums.

Ich spürte, dass die Schildkröte von unserem Gespräch sehr angetan war, denn sie sah mich die ganze Zeit an und rührte sich nicht. Wie oft hat man mich schon für verrückt gehalten, weil ich mit Tieren spreche! Doch Franziskus ist es auch nicht besser ergangen.

Zwei Menschen, die zu verschiedenen Zeiten lebten, und beide sprachen sie mit den Tieren!

Ich fühlte mich wohl.

Auf dem Weg in mein Zimmer sah ich an der Rezeption ein Plakat: Täglich Ausflüge zu den Inseln. Ich bat Salvatore, den Hoteldirektor, um Auskunft. »Auf dieser wunderschönen Bootstour entlang der Küste können Sie die Städte und Dörfer auf den Klippen sehen, Sie besuchen auch einige Inseln, unter anderem die ›Sireneninsel‹, vor der Odysseus sich an den Mast seines Schiffes binden ließ, um nicht von dem betörenden Gesang angelockt und getötet zu werden.«

»Spannend!«, erwiderte ich. »Und die anderen Inseln?«

»Nun, wenn Sie Zeit haben, können Sie bis nach Capri fahren, es ist eine unserer schönsten Inseln.«

Ich bekam Gänsehaut.

»Meinen Sie die Insel mit der Blauen Grotte?«

»Genau die.«

»Bitte buchen Sie für mich einen Platz«, sagte ich, »und fragen Sie doch den Bootsführer, ob er mir eine Schnorchelausrüstung besorgen kann.«

Capri

Meine Eltern reisten oft nach Übersee, als ich klein war. Am meisten gefielen mir die Postkarten, die sie immer aus fremden Ländern schickten oder mitbrachten. Dann träumte ich von diesen tollen, exotischen Orten, die für einen sechsjährigen Jungen so weit entfernt schienen. Meine Lieblingspostkarte zeigte eine Insel im azurblauen Meer. In Ufernähe sah man eine kleine Höhle mit wartenden Booten davor. Das war die Blaue Grotte.

Nie und nimmer hätte ich mir damals vorstellen können, dass mein Traum, diese Insel zu besuchen, vierzig Jahre später wahr werden würde! Noch einmal: Ich tue, was ich tun muss, und bin zur richtigen Zeit am richtigen Ort.

Am Abend aß ich im Hotel. Ich war der einzige Gast, und Salvatore verwöhnte mich nach allen Regeln der Kunst. Ich bat ihn, sich zu mir zu setzen und mir eine Weile Gesellschaft zu leisten, was er auch gerne tat.

»Salvatore?«

»Ja, Signore?«

»Wollen Sie wissen, wie ich dieses Hotel gefunden habe?«

»Aber natürlich!«

Nachdem ich ihm die Geschichte erzählt hatte – die Enttäuschung über Assisi, die lange Fahrt und meine freudige Überraschung, dass das Hotel ursprünglich ein Franziskanerkloster gewesen war –, sagte er:

»So sehr bewundern Sie also den heiligen Franziskus?«

»O ja.«

Er lächelte. »Nach dem Essen zeige ich Ihnen etwas; es wird Ihnen ganz bestimmt gefallen, nur wenige Gäste kennen diesen Teil des Hotels.«

Das machte mich neugierig. Ich musste zwar am nächsten Tag sehr früh aufstehen, doch ich nahm die Einladung an.

Wie ausgemacht, ging ich nach dem Essen zur Rezeption, Salvatore erwartete mich schon.

»Sind Sie bereit?«

»Ja.«

Er ging in sein Büro und kam mit einem alten Schlüsselbund wieder.

»Kommen Sie.«

Wir überquerten die Terrasse mit dem alten Brunnen, wo nun die Schildkröten leben. Nach etwa sechzig Metern kamen wir zum »verborgenen« Teil des Hotels, der den Gästen nicht zugänglich ist. Er war aus Naturstein und sah noch genau so aus wie zu Zeiten seiner Erbauung. Ganz wie der Eremo delle Carceri über Assisi.

Vor einer großen alten Holztür blieben wir stehen, Salvatore steckte den Schlüssel in das alte Schloss. Die Tür quietschte laut, als er den Knauf drehte und sie aufstieß.

»Warten Sie bitte hier, Signore.«

Ich tat, wie mir geheißen. Nach ein paar Minuten kam er wieder.

»Ich habe Kerzen für Sie angezündet. Bleiben Sie, solange Sie wollen.«

Ich bedankte mich.

»Bitte löschen Sie die Kerzen, wenn Sie gehen. Und keine Sorge wegen des Ausflugs – ich werde Sie rechtzeitig wecken.«

»Danke, Salvatore.«

Er lächelte.

»Nichts zu danken, es ist mir ein Vergnügen.«

Meine Augen mussten sich erst an das Halbdunkel gewöhnen. Es war stickig und feucht, als sei der

Raum lange nicht benutzt worden. Ich sah mich um – und plötzlich wusste ich, wo ich war. Kurz hatte ich das Gefühl, im Eremo zu sein, doch ich war hier in einer schlichten Kammer mit alten christlichen Gemälden und Relikten. Innerer Friede überkam mich, die Stille war überwältigend. Sechzig Meter von hier befand sich ein Viersternehotel, doch diese kleine, bescheidene Kammer schien Lichtjahre von der Welt da draußen entfernt zu sein. Diesen Ort hatte Franziskus ausgewählt, um zu beten und jene zu unterweisen, die sich entschieden hatten, ihm in die selbst gewählte apostolische Armut zu folgen.

Ich war tief berührt und dankte dem Leben für diese einzigartige Erfahrung. Ich wusste nicht, was ich tun sollte, doch dann wurde mir klar, dass ich gar nichts tun musste, nur still dastehen, diesen Frieden auf mich wirken lassen und ihn mit meinem ganzen Körper aufnehmen.

Ich weiß nicht, wie lange ich blieb, wahrscheinlich Stunden, aber das ist ganz egal. Wenn man das Zeitgefühl verliert, ist man lebendig. Doch schließlich fand ich es an der Zeit zu gehen. Da sah ich neben der Tür ein Loch in der Wand, ich blickte hindurch und sah das weite Meer im Vollmondschein schimmern.

Ich bin zwar katholisch, muss aber zugeben, dass ich nicht mehr praktiziere. Doch nun sank ich auf die Knie und betete mit meinen eigenen Worten, während ich auf dieses Meer blickte. Mir wurde bewusst, dass auch Franziskus seine Seele immer wieder stärken musste, um sein Lebenswerk fortzusetzen: den Ärmsten der Armen Hoffnung und Schutz zu geben. Wie jeder andere Mensch musste auch er manchmal innehalten und Kraft schöpfen, um weiterzumachen. So sollte es ein jeder tun.

Auf dem Wasser, im Wasser

Das Boot kam wie vereinbart am nächsten Morgen. Es war ein schöner Tag – strahlend blauer Himmel, kein Wölkchen am Horizont. Die See war ruhig, fast als würde sie schlafen.

Wir legten ab. Drei, vier Stunden fuhren wir an der zerklüfteten Küste entlang. Amalfi, Praiano, Positano tauchten zwischen den Felsen auf. Wir kamen auch an kleinen, mit grünen Büschen bewachsenen Inseln aus Vulkangestein vorbei, das typisch ist für diese tektonisch aktive Region.

»Wann kommen wir zur Blauen Grotte?«, fragte ich den Kapitän.

»Wir sind gleich da. Ach, übrigens, ich habe eine Schnorchelausrüstung für Sie dabei.«

»Grazie. Ich möchte in der Grotte schnorcheln.«

»Hm, das wird schwierig«, meinte er.

»Warum denn?«

»Zum einen ist die Grotte immer gut besucht, zum

anderen müssten Sie ein kleineres Boot nehmen, die Einfahrt ist für dieses Boot hier zu eng. Und wenn Sie schwimmen wollen, müssen Sie dem Skipper schon etwas zustecken, vielleicht lässt er Sie dann ins Wasser springen.«

Ich war enttäuscht. Vier Stunden Fahrt, und nun könnte ich nicht einmal in der Grotte baden. Außerdem wäre sie überfüllt!

»Jeder hat ein Recht darauf, das Wunder zu sehen, das Sie nun hier erwartet«, sagte der Bootsführer.

Das stimmt, dachte ich. War ich denn so arrogant zu denken, dass die Blaue Grotte nur mir allein gehörte? Tief in meinem Herzen bat ich um Vergebung, dass ich so egoistisch gewesen war und nur an mich selbst gedacht hatte.

Eine Viertelstunde später machte der Kapitän den Motor aus. Ich starrte in die Ferne.

Er lächelte mich an. »Sie haben großes Glück«, sagte er. »Heute gibt es in der Grotte keine Besichtigungen mehr.«

»Was heißt das?«

»Die Fischer, die die Leute zur Grotte fahren, haben jetzt Feierabend. Und ich sehe auch keine Privatboote und keine Touristen mehr.«

»Komme ich also nicht mehr in die Grotte hinein?«

Er lachte.

»Doch! Und Sie haben sie ganz für sich allein.«

Mit Flossen und Maske bin ich im Wasser. Die Badehose habe ich ausgezogen, nackt ist es schöner – nackt, wie ich auf diese wunderschöne Welt kam. Der Skipper hatte mich vor Quallen im Wasser gewarnt. Gut, ich muss eben vorsichtig sein und darf sie auf ihren Bahnen nicht stören.

Das Wasser ist glasklar. Zehn Meter vor mir sehe ich einen Felsspalt, an der Seite hängt eine Kette. Ich schwimme darauf zu. Die See ist ruhig, es geht kein Wind, ich hole tief Luft und tauche unter.

Die Anzahl der Atemzüge, die man im Leben macht, ist unwichtig; wichtig sind die Momente, die einem den Atem rauben.

Zum ersten Mal in meinem Leben wäre ich lieber Maler oder Musiker gewesen statt Schriftsteller. Nur mit Tönen oder Farben könnte man zum Ausdruck bringen, was ich gesehen habe. Hinter dem Spalt tat sich eine große Höhle auf. Ich dachte immer, die Decke der Höhle sei blau, aber sie hatte die Farbe des Meers. Wie soll ich das beschreiben? Tausende kleine Fische und Quallen tanzten in diesem Wasser, das so klar und so blau war, wie ich es noch nie zuvor gesehen hatte. Die Oberfläche glänzte wie blaues Gold. Alles leuchtete.

Hoch oben im Himalaja hatte ich gehört, dass ich eines Tages ins Meer tauchen könnte, ohne es zu berühren. Nun wusste ich: Es war wahr.

Ich war nicht allein – in Gesellschaft meiner Selbst, der Fische und dieses magischen Lichts blieb ich in der Grotte, bis mein ganzer Körper schmerzte. Ich war völlig unterkühlt, mir war eiskalt. Doch ich ignorierte es. Ich tauchte dreißig, vielleicht auch vierzig Mal in jeder Ecke der Grotte. Mir war, als wäre ich im All oder schwebte durch die Lüfte. Dann wieder hatte ich das Gefühl, ich würde leuchten; ich war erfüllt von der Stille und den Farben in der Grotte.

Ich dankte dem Leben für diesen Augenblick der Erleuchtung und schwamm völlig erschöpft hinaus – genau in diesem Moment war ein Privatboot mit Touristen, wie ich einer war, auf dem Weg in die Grotte.

Mein besorgter Skipper lächelte, als er mich endlich kommen sah.

Doch ich hatte nur einen Gedanken:

Danke, Franziskus. Danke, dass du mich die Schönheit der Natur, wenn auch nur für die Zeit eines Herzschlags, mit deinen Augen bewundern ließt. Danke von ganzem Herzen.

5 Das Leben des Franziskus

Im Jahr 1212 wanderte Franziskus auf Mission durch Italien; es war ein einziger Triumphzug. Er predigte in Hauseingängen, auf Marktplätzen, von Kirchentreppen und den Mauern der Burghöfe herab. Angezogen von seiner charismatischen Ausstrahlung, folgten ihm Bewunderer und Anhänger von Ort zu Ort und hingen an seinen Lippen. Für die Menschen war es völlig neu, dass jemand verständlich und in ihrer Mundart predigte. Wenn er kam, läuteten die Kirchenglocken, die Leute, auch die Geistlichen, liefen ihm singend und spielend in Scharen entgegen. Sie brachten die Kranken zu ihm, auf dass er sie segne und heile, sie küssten den Boden, über den er gegangen war, und versuchten sogar, Fetzen seiner Kutte abzureißen. Überall wurde er mit großer Begeisterung empfangen, und seine Predigten, wenn man sie überhaupt so nennen kann, wurden begierig aufgenommen. Denn sie waren kurz und bündig, eindrücklich und leidenschaftlich und berührten selbst die Hartgesottensten und Eitelsten. Franziskus eroberte wahrlich die Seelen.

Die Tiere fanden in ihm einen zartfühlenden Freund und Beschützer. Die frühen Legenden erzählen in idyllischen Bildern, wie Franziskus' Sanftmut Vögel und wilde Tiere gleichermaßen ansprach und dem Freund zutraulich machte: der gejagte Hase, der seine Hilfe suchte; die Bienen, die im Winter halb erfroren um ihn herumsummten und die er mit Honig und bestem Wein fütterte; der wilde Falke, der ihn umflatterte, die Nachtigall, die süß mit ihm im Hain des Eremo sang, und wie seine »kleinen Brüder«, die Vögel, auf der Straße nach Bevagna seiner Predigt so hingebungsvoll lauschten, dass er sich Vorwürfe machte, weil er ihnen nicht schon früher gepredigt hatte. Auch seine Naturliebe war beispiellos, er sprach mit Wiesenblumen, Quellen und seinem Freund, dem Feuer, und grüßte die Sonne, wenn sie über dem herrlichen Valle Umbra aufging.

Ischia

Ganz allein kommen wir auf diese Welt, und ganz allein verlassen wir sie wieder. Doch auf der Reise durchs Leben sind die Menschen, die wir treffen, und die Freunde, die wir finden, wie Kerzen; sie leuchten in der Dunkelheit und führen uns, wenn wir sie am meisten brauchen.

Vor meiner Reise nach Europa hatte ich eine Einladung von *Delphis* bekommen; diese Organisation will die Delfine und Wale schützen, die das Meer um die schöne Insel Ischia bewohnen.

Ischia, eine Fährstunde von Neapel entfernt, ist die größte und dichtestbesiedelte Insel im Golf von Neapel und mit ihren berühmten Thermen eines der wichtigsten Reiseziele Süditaliens. Früher wurde das heiße, mineralhaltige Wasser lediglich zu Heilzwecken eingesetzt, heute werden Kurzentren und -parks vom Fremdenverkehr genutzt, der die Hälfte der Wirtschaftskraft der Insel ausmacht.

Um meinen Besuch bei *Delphis* zu organisieren, hatte ich im Vorfeld viele E-Mails mit Katia ausgetauscht.

Sie holte mich an dem kleinen Hafen von Ischia ab, wo ich mit der Fähre von Neapel ankam. Sie erkannte mich gleich, ich sie nicht. Sie war um die fünfzig, hatte kurzes, schwarzes Haar und schwarze Glutaugen, aus denen Liebe strahlte. Erst später stellte ich fest, dass fast alle auf der Insel sie kannten. Wie eine große Familie, dachte ich.

Wir fuhren zu Katias Haus im Wald, wo mich Delfin- und Walplastiken sowie Fotos von Menschen aus aller Herren Länder, wahrscheinlich Freunden, begrüßten. Katia machte mich mit Barbara und Angelo bekannt, den Hütern der Delfine und Pottwale von Ischia. Die zwei wundervollen Menschen haben sich dem Schutz der Meeresbewohner vor der Insel verschrieben. Wieder einmal durfte ich mich glücklich schätzen, mit Menschen zu verkehren, die ihr Ziel im Leben gefunden hatten.

Wir aßen zu Mittag: Hartkäse von der Insel, zarte Artischocken, in Wasser und Öl gekocht, knackiger Salat, Oliven, gedämpfter Weißfisch und Wein. Nun begriff ich, warum die mediterrane Küche als eine der gesündesten überhaupt gilt. Und als eine der besten!

Nach diesem köstlichen Essen erzählte mir Katia ein wenig von sich. Sie liebte ihre Insel und hatte dieses Häuschen im Wald am Fuß der Berge, dennoch nicht weit vom Meer entfernt, gekauft. Sie pendelte zwischen der Insel und München, wo sie ein paar entzückende deutsche Kinder betreute. Sie reiste gern und lernte überall Menschen kennen. Die Fotos an der Wand könnten viele Geschichten aus fernen Ländern erzählen – von den Malediven, aus Indien und vielen anderen Teilen der Welt. Katia liebt Tiere, im Garten spazierten ein Hund und eine Katze herum. Doch Delfine und Pottwale hatten es ihr besonders angetan und sie veranlasst, ihr Leben dem Schutz der sie umgebenden Natur zu widmen. Durch harte Arbeit war es ihr gelungen, *Delphis* zu gründen, eine gemeinnützige Organisation, die die Fauna an der Küste Ischias erforscht und schützt.

Für den nächsten Tag hatte sie einen Segeltörn und eine Schnorchelpartie geplant. Sie schien nie zu ruhen – ihre Seele war so viel größer als ihr zierlicher Körper. Doch sie beklagte sich nie, immer hatte sie für jeden ein Lächeln übrig.

»Toll, was du alles machst, Katia«, sagte ich. »Hast du auch eigene Kinder?«

»Nein, aber ich kümmere mich das ganze Jahr über um Kinder, sie sind wie meine eigenen, obwohl ich sie nicht auf die Welt gebracht habe.«

Später erfuhr ich, dass sie, neben ihrer Betreuungsarbeit in München, mit eigenen Mitteln auch ein Kinderdorf auf den Malediven gegründet hatte, wo etwa zwanzig Straßenkinder leben.

Ich dachte an Franziskus. Parallele Welten. Franziskus war ein berühmter Heiliger, Katia kannte niemand. Aber gab es denn einen Unterschied zwischen ihnen? Beide liebten die Natur, beide halfen den Mittellosen, und ihr Leben war eine Hymne an die Freude.

Es erscheint mir merkwürdig, dass wir manchmal einen Heiligen anrufen müssen, damit ein Wunder geschieht, denn würden wir genau hinschauen, würden wir Zehn-, gar Hunderttausende von »Heiligen« sehen, die unter uns leben und überall in der Welt Wunder vollbringen.

Und das gab mir Hoffnung.

Auf Ischia verging die Zeit wie im Fluge. Am Abend hatten wir eine Buchpräsentation. Es lief hervorragend. Uns gingen die Bücher aus, doch zum Glück kam Antonio Bartiromo, der meine Bücher hier promotet, noch rechtzeitig mit der Fähre und konnte die Buchhandlungen der Insel beliefern. Übrigens haben Antonio und Giuseppe in Neapel und Apulien Lesungen für mich organisiert, wo ich ganz wundervolle Menschen treffen sollte, darunter viele Kinder.

Von ihnen kann ich viel lernen, denn sie sehen die Welt ganz natürlich und spontan, sie denken und wissen noch, dass alles möglich ist.

Am nächsten Tag gingen wir segeln, und ich konnte mit Katia in dem angenehm warmen Wasser schnorcheln. Doch dann war es schon wieder Zeit, mit der Fähre zum Festland zurückzukehren. Katia brachte mich zum Hafen.

Der Kloß in meinem Hals sagte alles – und ich wusste, Katia erging es genauso.

»Hoffentlich sehen wir uns einmal wieder!«, sagte ich.

Sie lächelte.

»Natürlich sehen wir uns wieder. Darum sind wir doch auf dieser Welt – um zu spüren, dass wir nicht allein sind, dass wir nicht verrückt sind, sondern schlicht und ergreifend Menschen, die ihr Schicksal selbst in die Hand nehmen. Und deswegen sind wir auch meistens glücklich.«

Ich küsste sie zum Abschied auf die Wange.

»Dann bis zum nächsten Mal.«

»Ja, bis zum nächsten Mal«, sagte sie.

Komisch, aber in diesem Augenblick dachte ich an Sabine, eine liebe Freundin aus der Schweiz, die mir durch die dunkelste und schwierigste Zeit in meinem Leben half. »Freunde wie wir müssen sich niemals Lebwohl sagen«, hatte sie einmal zu mir gesagt, »die

Welt richtet es so ein, dass wir uns immer wieder begegnen, dass wir zusammenkommen, um anderen zu helfen.«

Auf der Fähre nach Neapel begriff ich, dass all die Menschen, die ich kennengelernt hatte, etwas gemeinsam haben: Sie hatten sich entschlossen, anderen Menschen Liebe zu geben, ohne dafür eine Gegenleistung zu erwarten. Wie Franziskus.

Das Leben ist eine ständige Abfolge von Abschieden. Abschied von geliebten Menschen, die sterben müssen, und Menschen, mit denen man nur ein, zwei Tage verbringen durfte. Abschied von der Kindheit, der Jugend, manchmal auch der Liebe. Und bei jedem Abschied stirbt etwas in uns.

Wegzugehen ist ein wenig wie sterben, sagt man. Und genau das empfand ich, als ich Bella Italia verließ. Ich hatte phantastische Menschen getroffen und vieles von ihnen gelernt, und ich hatte sagenhafte Orte besucht, von denen ich nicht einmal gewusst hatte, dass es sie gibt. Ich nahm wunderschöne Erinnerungen mit.

Und zum Glück wusste ich, dass mich diese Erinnerung mein Leben lang begleiten würden.

Deutschland

Von Italien flog ich nach München und ruhte mich erst einmal aus, bevor ich meine Lesereise antrat.

Mein erstes Ziel war Stuttgart, eine der grünsten Städte Deutschlands, schön gelegen im Talkessel zwischen Wäldern und Weinbergen in einem der wichtigsten Weinanbaugebiete Deutschlands. Bekannt ist Stuttgart auch durch seine Mineralbäder, wo man Heilung, Erholung und Entspannung finden kann.

Doch für mich war es ein ganz besonderer Ort, wo ich einen ganz besonderen Menschen wiedertreffen sollte: Wolfgang.

In Aalen, einem netten Städtchen unweit von Stuttgart, hatte ich eine Signierstunde in einer Buchhandlung. Wolfgang, mein Freund und Lehrer in der »Schule des Lebens«, ließ Bach im CD-Player laufen, während wir über die von Wäldern gesäumte Schnellstraße fuhren, vorbei an smaragdgrünen Feldern und Dörfern, die aussahen wie Postkartenansichten.

Wolfgang ist ein erstaunlicher Mensch. Ich lernte ihn vor Jahren auf der Frankfurter Buchmesse kennen. Noch nie habe ich ihn betrübt gesehen. Immer lächelt oder singt er, selbst wenn niemand in seiner Nähe ist. Er redet nicht viel, doch wenn er etwas sagt, hat das mehr Gehalt als alles, was andere in einer ganzen Woche zusammenfaseln. Er ist ruhig und geht gemessenen Schritts, trägt immer einen Hut und eine schmale Brille, hat langes schwarzes Haar und raucht Pfeife, und er hat stets einen kleinen schwarzen Rucksack dabei. Trotz seiner fünfzig Jahre sieht er aus wie ein Junge. Er ist weder groß noch dick, doch seine Präsenz bringt Ruhe in einen Raum. Er ist ein Geber, kein Nehmer, und wenn er etwas für andere tut, denkt er nur an das Glück, das er mit den Menschen teilen kann. Ich weiß, dass er mit sich selbst in Frieden ist, er ist einer dieser »stillen Engel« auf Erden. Ich habe ihn noch nie wütend oder genervt erlebt. Natürlich hatte auch er es schon schwer im Leben, doch er hat das gewisse Etwas, das einen Menschen in Einklang mit der Welt bringt. Wie Franziskus.

Wie gesagt, wir fuhren also nach Aalen. Für die meisten Autoren ist eine Signierstunde eine lästige Pflicht.

Nicht für mich. Ich freue mich, wenn ich meine Leser treffen und mit ihnen meine Gedanken teilen darf, es macht mich richtig glücklich. Sie bedanken sich bei mir, wenn ich mit ihnen spreche und ihre Bücher signiere, doch tief in meinem Inneren weiß ich, dass eigentlich ich dankbar dafür sein muss, ein klein wenig an ihrem Leben teilhaben zu dürfen. Das ist für mich kein »Job«, sondern ein Akt der Liebe. Wolfgang weiß, was ich fühle, wenn ich mit seinen »Kunden« zusammentreffe.

Und dann denke ich wieder an Franziskus und das Hotel Luna, und ich denke an Katia, den »Schutzengel« der Delfine von Ischia. Ihr Beispiel, von dem ich lerne, macht aus mir einen besseren Menschen.

6 Das Leben des Franziskus

Im Sommer 1212 hatte Franziskus eine weitere freudige Begegnung, die so unverhofft wie auch großartig war. Bekehrt von seiner Predigt des Armutsideals in San Giorgio, suchte die junge Adlige Klara von Assisi ihn auf und bat um Aufnahme in seinen Orden. Auf Franziskus' Rat hin verließ die Achtzehnjährige in der Nacht auf Palmsonntag ihr Elternhaus und floh mit zwei Gefährtinnen zur Portiunkula, wo sie vom Fackelzug der Minderbrüder empfangen wurde. Franziskus schnitt ihr das Haar und gab ihr die Minoritenkutte. In seine Hände legte sie die drei Ordensgelübde ab: Armut, Buße und Klausur. Klara wurde zunächst im Benediktinerinnenkloster San Paolo untergebracht, bis Franziskus für sie, ihre Schwester Agnes und die anderen Frauen, die sich ihr angeschlossen hatten, endlich ein Häuschen neben der von ihm eigenhändig wiederaufgebauten Kirche San Damiano bekam.

Die Benediktiner hatten es Franziskus für seine Schwesterngemeinschaft überlassen. So wurde San Damiano das erste Kloster des Zweiten Ordens, der Klarissen.

Andrea

Alles, was passiert, scheint einen Sinn zu haben. Ich weiß nicht, warum, aber immer wenn ich das Gefühl habe, am richtigen Ort zu sein, wirkt der Zauber.

Ich war also durch üppige Wälder und über wellige grüne Hügel unterwegs nach Aalen und sollte eine schöne Gelegenheit bekommen, Menschen mit einem aufrichtigen Lächeln zu treffen, Menschen, die in gewisser Weise bereits Teil meines Lebens sind – und ich kann nur hoffen, dass auch ich einen kleinen Teil ihres Lebens ausmache.

Andrea hatte Peru bereist. Sie war Anfang zwanzig, blond, hatte strahlende blaue Augen und ein Lächeln so groß wie das Leben selbst.

Ich sah sie zum Signiertisch der Buchhandlung kommen, die Wolfgang ausgewählt hatte – kein großer Laden, aber ein ganz besonderer Ort, der mich glücklich machte, ohne dass dafür etwas von mir verlangt wurde.

Ich unterhielt mich mit Andrea über Peru. Sie bedankte sich für die Bücher, ich signierte ihre Exemplare. Sie sagte, meine Worte hätten ihr vor einiger Zeit geholfen, eine Stelle zu kündigen, die sie gehasst hatte, und ihren Traum zu leben. Ich dankte ihr. Bevor sie ging, gab sie mir ein kleines Päckchen, eingewickelt in weiches, weißes Papier.

»Für Sie«, sagte sie.

Ich war überrascht und ein wenig verlegen. Vorsichtig wickelte ich das Päckchen aus und entdeckte ein wunderschönes, schlichtes kleines braunes Holzkreuz an einem Lederband.

»Wie schön!«, sagte ich. »Vielen Dank. – Woher haben Sie das?«

Die Worte kamen mir unbewusst aus der Seele.

»Aus Assisi. Ich habe mir einen Traum erfüllt und ein halbes Jahr in einem Franziskanerinnenkloster gelebt, in der Casa della Pace.«

Ich kannte es. Als ich keinen Sinn mehr in meinem Leben gesehen und mich in dieses Kloster zurückgezogen hatte, habe ich mich dort wiedergefunden.

Ich lächelte. Danke, Andrea Handschuh, ganz herzlichen Dank.

Was wir »moderne« Menschen Zufälle nennen,

sind in Wahrheit Wunder, die tagtäglich im Leben geschehen. Als ich traurig gewesen war, weil ich den Eremo delle Carceri in Assisi nicht sehen konnte, hätte ich mir nie vorstellen können, dass Franziskus diese Leere füllen würde – er führte mich an einen Ort, wo ich jemanden treffen sollte, der den Zauber von Assisi auch erlebt hatte. Franziskus und ich wurden zwar in unterschiedliche Zeiten hineingeboren, doch wenn ich Menschen wie Andrea traf, war er mir immer nahe.

Als die Signierstunde fast vorbei war, kam ein reizendes Mädchen zu mir, sie war vielleicht fünf oder sechs Jahre alt.

»Kannst du mir mein Buch signieren?«, fragte sie.

»Aber klar. Wie heißt du denn?«

»Clara.«

Und wieder hatte ich diesen Frieden in der Seele …

»Clara. Ein wunderschöner Name.«

»Danke«, sagte sie.

Ihre Eltern standen etwas abseits, sie lächelten mir zu, ich lächelte zurück. Ich signierte das Buch, und verabschiedete mich von Clara mit einem Küsschen. Kurz bevor ich ging, sprach ich ihre Eltern an. Sie hießen Thomas und Gabriele.

Ich fragte sie: »Sagen Sie, Thomas, ist der Vorname Ihrer Tochter nicht italienisch?«

»Doch, nach unserer Reise nach Assisi haben wir sie Clara genannt, nach der heiligen Chiara.«

»Unglaublich!«

»Wieso unglaublich?«

Ich lächelte und schwieg.

Thema: Re: Danke noch mal
Von: Andrea Handschuh
An: Sergio Bambaren

Hallo Sergio,

hier in Deutschland sagt man: Wenn man das dringende Gefühl hat, etwas tun zu müssen, muss man es in den nächsten drei Tagen tun, sonst passiert es nie.

Dieses Gefühl hatte ich schon oft. Als ich Sie gestern in der Buchhandlung traf, sah und spürte ich das Licht des Universums, und in diesen Augenblicken empfinde ich mich als Teil von etwas, das größer ist als ich, das man nicht sehen, sondern nur fühlen kann. Doch wenn ich Dinge sehe, die nicht real scheinen, bekomme ich manchmal Angst, ich fühle mich schwach, und die Vernunft lässt mich vergessen, was mein Herz will. Dann vergehen diese drei Tage, ohne dass etwas geschieht, und ich habe das Gefühl, zu kraftlos zu sein, um das Leben zu führen, zu dem mich mein Herz drängt.

Traum und Wirklichkeit – zwei Welten, zwei Straßen, die vor mir auseinanderlaufen. Der eine Weg ist leicht; im Traum gibt es keine Konflikte und keine Probleme, doch in der Wirklichkeit kann man aus Glück oder aus Trauer weinen. Ich habe gelernt, dass ich mit beidem leben muss, dass es für mich der einzige Weg ist, zu wachsen und vorwärtszugehen.

Nach der Signierstunde habe ich wieder diese Kraft gespürt, die mir so lange gefehlt hat. Und heute sieht die Welt für mich schon wieder ganz anders aus, es ist nun an der Zeit, Entscheidungen zu treffen und etwas Neues zu beginnen.

Vermutlich haben Sie auch meinen Freund Thomas Reich getroffen, Claras Vater. Das ist wirklich eine unglaubliche Geschichte: Ich sah ihn zufällig in der Stadt und fragte mich, was er hier wohl tat. Er lebt ja nicht in Aalen, sondern in Bopfingen.

Und wissen Sie, was? Thomas ist Tierheilpraktiker. (Sie wissen, warum ich Ihnen seinen Beruf verrate: Er hat den heiligen Franz immer bewundert und war schon oft in Assisi.) Ich sagte ihm, dass ich zu Ihrer Signierstunde gehen würde, wusste aber nicht, dass er dasselbe vorhatte. Er rief mich später an und sagte mir, dass Sie mit Clara gesprochen hätten. Es gibt im Leben keine Zufälle, Sergio!

Assisi wird für mich immer ein mystischer Ort sein. Seit die Schwestern mir vom heiligen Franz erzählt haben, hatte ich oft das Gefühl, dass er mich auf sehr eigenartige, aber wunderbare Weise führt. Ich war nur ein paar Stunden im Eremo, dennoch hat es mich erfüllt. Allein in der Stille des Waldes habe ich die Schönheit der Natur erlebt.

Ich liebe Bäume, sie sind für mich wie Gedichte, jeder erzählt eine eigene und einzigartige Geschichte. Bäume haben mir schon viel im Leben gegeben, sie sind meine speziellen Freunde. Mir ist immer, als würde die Zeit beim Anblick eines alten Baums stillstehen.

Mit Ihnen habe ich gestern einen Menschen kennengelernt, der beschlossen hat, seine Träume zu leben. In Ihren Augen habe ich den Tanz des Meeres gesehen, und in Ihrer Nähe konnte ich den Gesang der Wale und Delfine hören. Heute kann ich wieder das Flüstern des Ozeans in meinem Herzen wahrnehmen. Für mich war es etwas ganz Besonderes, dass Sie meine Bücher signiert haben, doch wichtiger noch war es, dass ich Sie kennenlernen durfte und nun Teil Ihrer Erinnerung an Aalen bin. Das ist für mich ein großes Geschenk. Dafür danke ich Ihnen,

Ihre
Andrea

Nein, Andrea – ich danke Ihnen, der kleinen Clara, Wolfgang und Franziskus von ganzem Herzen.

Mögen Sie ein erfülltes Leben haben, Andrea, und mögen Ihre Träume wahr werden.

Café Samocca

Nach dem erhebenden Treffen mit Andrea und Clara führte mich Wolfgang in ein nettes kleines Café im Zentrum von Aalen. Es war modern eingerichtet, die Atmosphäre war angenehm.

Wir setzten uns an die Bar. Ein großgewachsener junger Mann nahm unsere Bestellung auf. Da ich praktisch kein Wort Deutsch spreche, übernahm dies Wolfgang.

Während wir auf die Getränke warteten, redeten wir über die Lesung, sie war ein großer Erfolg, viele Leute waren gekommen, Menschen, von denen ich zwar gewusst, die ich aber noch nie zuvor getroffen hatte. Beim Kaffee und bei unserer Unterhaltung fiel mir mit einemmal auf, dass die Bedienungen hier alle körperlich oder geistig behindert waren. Dennoch machten sie ihre Arbeit großartig und immer mit einem Lächeln auf den Lippen. Unnötig zu sagen, dass das Lokal voll war.

Wolfgang lachte. »Ich wusste, dass es dir hier gefallen würde. Alles ist möglich, nicht wahr?«

Ich lächelte und bestellte noch einen köstlichen Kaffee aus der hauseigenen Rösterei. Und wieder dachte ich an Franziskus, er war immer auf der Seite derjenigen, die nicht so viel Glück im Leben hatten. Ich steckte die Hand in die Manteltasche und umklammerte das Holzkreuz, das Andrea mir geschenkt hatte.

Neben uns saßen ein paar junge Leute an einem Tisch und plauderten gutgelaunt. Auf dem Boden lagen zwei schöne Hunde. Während Wolfgang bezahlte, streichelten zwei Kellner die Tiere. Sie wedelten mit dem Schwanz. Ich sah kurz, wie die Bedienungen sich freuten, ich sah nicht nur das Lächeln auf ihrem Gesicht, sondern auch das Strahlen ihres Herzens.

Glücklich sah ich zu, wie die behinderten Kellner des *Samocca* wie Kinder mit den beiden lieben Hunden spielten. Ich weiß, dass Tiere zu diesen Menschen einen ganz besonderen Draht haben, den wir in der Hektik oft verlieren. Ich weiß, dass in ihnen etwas von Franziskus steckt, denn auch sie staunen immer wieder über die Schönheit der Welt, in der wir leben.

Natürlich weiß ich, dass überall schreckliche Dinge passieren. Ich lese Zeitung, und meistens verfolge ich auch die Nachrichten im Fernsehen. Doch wir machen einen fatalen Fehler, wenn wir denken, dass alles Schlechte, das wir dort sehen, unumkehrbar ist, und wenn wir vergessen, dass im Gegenzug auch Gutes geschieht und es Tausende kleiner Wunder gibt.

Kaufbeuren

Die ehemalige freie Reichsstadt Kaufbeuren gilt als Perle des Allgäus. Der Grund meines Besuchs in dieser beeindruckenden Stadt: Petra hatte mich eingeladen, sie hatte mich über E-Mail kontaktiert und gebeten, eine Signierstunde zu einem wohltätigen Zweck zu geben. Außerdem war ich noch nie im Allgäu gewesen.

Überdies freute ich mich darauf, einen Menschen wie Petra kennenzulernen, die aus reiner Nächstenliebe und Hinwendung zu den Mittellosen in Santa Rosa, einer sehr armen Gemeinde am Stadtrand meiner Heimat Lima, ein Hilfsprojekt für ein Krankenhaus unterstützt. Ich fragte mich, was jemanden aus Kaufbeuren dazu brachte, sich um die Menschen, vor allem die Kinder, in einem ärmlichen Dorf mitten in der Wüste zu kümmern.

Das wollte ich herausfinden.

Ich traf Petra in der Lobby meines Hotels, sie kam mit ihrer Tochter. Die schöne Frau aus der kleinen Stadt hat einen großen Traum: Sie will anderen selbstlos helfen. Wir fanden sofort eine sehr persönliche Beziehung zueinander, und ich verstand schnell, warum sie den Armen in einem fernen Land helfen wollte: Die Menschen hier waren offen und ehrlich und voller Nächstenliebe. Petra sprach zwar weder Englisch noch Spanisch und ich kein Deutsch, doch ihre Tochter dolmetschte, und wir konnten uns ganz gut verständigen. Aber ein Blick wiegt oft tausend Worte auf, und ich hatte auf den ersten Blick begriffen, dass Petra eine Mission zu erfüllen hat.

Lesung und Signierstunde fanden in einem großen Konferenzsaal statt. Die Wände waren mit Fotos und Bildern von Delfinen und anderen Meeresbewohnern geschmückt, die Schulkinder gemalt hatten. Im Publikum sah ich nur glückliche Gesichter. Ich erinnere mich gut an den Mitinitiator dieser Organisation: ein erfolgreicher Bauunternehmer um die sechzig, der nun mit anderen Menschen teilen wollte, was er erreicht hatte, und den Bau des Krankenhauses in die Hand genommen hatte. Vor meiner Lesung schilderte er in seiner Rede, welche Fortschritte das Hospital machte, und erging sich mit fast kindlichem Enthusiasmus in den Einzelheiten des

Projekts. So konnte er das Publikum begeistern – für einen Ort und für Menschen am anderen Ende der Welt.

Ich weiß nicht, wie viel Geld für das Projekt zusammenkam, auch nicht, wer am meisten spendete. Doch ich weiß eines: Franziskus freut sich ganz sicher über so viel Güte, wo auch immer er sein mag.

Nach der Veranstaltung gingen wir essen. Petra war froh, dass alles so gut gelaufen war. In ihrer Bescheidenheit, die nur in einem großen Herzen wohnen kann, war sie erst unsicher gewesen, doch nun wirkte sie entspannt. Das hervorragende italienische Restaurant war voller glücklicher Menschen, Petra aber strahlte!

Danke, Petra, du bist eine tolle Frau. Danke all den Menschen in Kaufbeuren.

Ich weiß nun, dass Franziskus' Geist in vielen liebenden Seelen wohnt, in den bescheidenen, friedfertigen, einfachen Menschen überall auf der Welt. Ich kann euch meine Dankbarkeit nur auf eine Weise zeigen, kann mich nur mit Worten ausdrücken und euch ein paar Dinge mitteilen, die ich auf meinen Reisen gelernt habe:

Es soll keinen Tag geben, an dem du nicht weißt, was du tun sollst.

Es soll keinen Tag geben, an dem du vorgibst, etwas zu sein, was du nicht bist.

Es soll keinen Tag geben, an dem du dich vor dem fürchtest, was du zu tun hast, und vor deinen Träumen, denen du folgen musst.

Es soll keinen Tag geben, an dem du nicht in dich gehst und auch schmerzende Stellen aufspürst.

Es soll keinen Tag geben, an dem du denkst, du könntest für andere nichts tun.

Es soll keinen Tag geben, an dem du über andere urteilst, ohne zu versuchen, sie zu verstehen. Vielleicht ist ein anderer Mensch über andere Dinge glücklicher als du selbst.

Es soll keinen Tag geben, an dem du nicht dankbar bist, dass du lebst.

Auf Wiedersehen, Petra, auf Wiedersehen, Kaufbeuren. Ihr werdet immer in meinem Herzen sein.

Wie Franziskus.

Schloss Neuschwanstein

Bevor ich meine Lesereise fortsetzte, wollte ich den bayrischen Teil der *Romantischen Straße* kennenlernen, die eine Reihe schöner Städte und Städtchen von Mainz bis ins Alpenvorland verbindet.

Es war noch viel schöner, als ich gedacht hatte. Das kurvenreiche Sträßchen zieht sich durch Bilderbuchortschaften inmitten saftiggrüner Hügel. Am Ende des Wegs wartete eine große Überraschung auf mich: Neuschwanstein.

Ich kannte das Schloss nur von Bildern. Atemberaubend! Nun weiß ich, warum so viele bekannte Märchen aus dieser Gegend stammen. Hier liegt Magie in der Luft, dieser Anblick regt die Phantasie an, alles scheint möglich. Doch es ist nicht nur das Schloss – seine Lage in dieser Landschaft könnte idyllischer nicht sein. Am Fuße der Alpen thront es auf einem steilen Berg, das berühmte Schloss des Märchenkönigs.

Als wäre ein Traum wahr geworden. Schloss Neuschwanstein hatte schon Walt Disney inspiriert, eine Zauberwelt zu schaffen, in der nichts unmöglich ist.

Doch eines fiel mir bei den Gesprächen mit Menschen in Bayern, vor allem in München auf: Sie sind zwar sehr stolz auf Neuschwanstein und die anderen Schlösser, die Ludwig II. bauen ließ, doch er trieb das Königreich Bayern dadurch fast in den Ruin. Er verschwendete die Steuern seiner Untertanen auf die Verwirklichung seiner Träume und auf sein ausschweifendes Leben in diesen Märchenschlössern. Ich würde lügen, würde ich sagen, dass mich die Pracht Neuschwansteins nicht in ihren Bann gezogen hätte, doch ich wusste natürlich, dass alles nur Fassade war.

Der imposante Bau hatte keine Seele. An diesem Ort von schwindelerregender Architektur und mit seiner üppigen, prunkvollen Ausstattung konnte man, jedenfalls ich, weder beten noch in sich gehen, denn es war kein Werk der Liebe, sondern des Egoismus.

Was hat es denn für einen Sinn, Materielles zu erschaffen, wenn man damit keinen inneren Zweck verfolgt? Was bringt die Verwirklichung eines selbstsüchtigen Traums?

Franziskus' Eremo ist ein schlichter Bau aus Naturstein mit kleinen, düsteren Zellen, umgeben von

Licht und grüner Natur, mehr nicht. Und das genau ist der Punkt: Mehr braucht es nicht, denn jeder Stein wurde mit Liebe gesetzt, jeder Baum, jede Blume mit Liebe gepflanzt. Das spürt man. Fast kann man mit der Seele die aufrichtige Demut berühren, die ein kleines Steinhaus in eine Brücke zwischen Himmel und Erde verwandelt hat. Ohne es zu wissen, ließ Franziskus diesen Ort für all diejenigen zurück, die in der Ruhe und in dem Frieden, den selbstloses Geben aus reiner Liebe schenkt, innere Einkehr suchen und fernab der Welt beten und meditieren.

Ich ging in ein schönes Café mit Blick aufs Schloss. Von dort sah ich, dass Neuschwanstein ohne die Kulisse der Alpen, ohne den blauen Himmel und die Wattebauschwolken, die vorüberzogen, nicht das Gleiche wäre, und dass die Vögel und die anderen kleinen Tiere genauso zu dem Postkartenbild gehörten wie auch der Schnee im Winter.

Und da begriff ich, was Franziskus wohl immer gewusst hatte: Neuschwanstein ist sicherlich das schönste Schloss, das ich je gesehen habe und je wieder sehen werde, doch wenn etwas nicht ganz natürlich und aus dem Geist der Schöpfung heraus entsteht, aus reiner Liebe also, dann hat es keinerlei Ausstrahlung.

Österreich

Leider neigte sich meine Lesereise durch Europa schon dem Ende zu. In Österreich hatte ich zum letzten Mal Gelegenheit, mit tollen Menschen zusammenzutreffen, die auf die eine oder andere Weise an meine Bücher gekommen waren. Meine Stationen, auf denen mich mein Freund Kurt begleitete, waren Salzburg, Linz, Dornbirn und Innsbruck. Die Lesungen waren ein voller Erfolg, es kamen sehr viele Menschen, und ich traf dort wundervolle Charaktere.

Überdies machte mir die Natur noch ein ganz unerwartetes Geschenk: Der erste Schnee fiel kurz vor meiner Abreise. Die weichen, weißen Kristalle überzuckerten Stadt und Land, Berge, Felder und Wälder. Wie ein Kind starrte ich in die Schneeflocken, die leise vom Himmel herabschwebten – für mich ein ungewöhnlicher, aber einzigartig schöner Anblick, schließlich liegt Lima, wo ich zeitweise lebe, in der Wüste.

Ich kann mich noch lebhaft an Innsbruck erinnern, die Berge und Wälder rings um die Stadt waren schneebedeckt, und die Lifte warteten schon auf die ersten eifrigen Skiläufer der Saison.

Kurt parkte am Straßenrand, wir stiegen aus und machten eine Schneeballschlacht. Ich baute sogar einen Schneemann, bis ich schließlich eiskalte Hände bekam.

Wieder fühlte ich mich wie ein Kind, und so etwas Einfaches wie ein Schneemann war für mich wichtiger als der beste Vertragsabschluss. Das hatte ich von Franziskus gelernt.

Ich stelle mir vor, wie er im Eremo saß und zusah, wie der Schnee Berg und Tal bedeckte, während er betete und dem Schöpfer nahe war. In diesen seltenen Momenten der Erleuchtung kann man für einen Augenblick die Welt nicht mit den Augen, sondern mit der Seele sehen.

Die wahren Schätze im Leben sind die einfachen Dinge. Auch das war Franziskus bewusst.

7 Das Leben des Franziskus

Sieht man in Franziskus nur den liebenden Freund aller Geschöpfe, übersieht man einen Aspekt seines Wirkens, der alles andere erklärt: seine Übernatürlichkeit.

Ich glaube, dass nur ganz wenige Menschen mit einer so großen Gabe gesegnet sind und dass man vielleicht bei keinem anderen so ein tiefes Verständnis des Spirituellen finden kann wie bei Franziskus, bei dem die natürliche und die übernatürliche Seite eng verbunden waren. Seine Askese war oft romantisch verklärt. Er verehrte seine »Herrin Armut« in einer Weise, die man schon fast nicht mehr metaphorisch nennen kann, denn mit seinem äußerst lebendigen Vorstellungsvermögen schaffte er es, seine Taten perfekt mit seinem Denken in Einklang zu bringen. Durch diese Gabe konnte er Geist und Natur vereinen. In jedem Wesen und in jedem Ding, so gering es auch sein mochte, fand er den Glanz göttlicher Vollendung und konnte in ihm die Schönheit und die Macht, die Weisheit und die Güte des Schöpfers bewundern. So kam es, dass er in allem das Gute sah und seine Predigten sogar aus den Steinen herauslas. Hinzu kam, dass sich sein schlichtes, fast kindliches Gemüt um den Gedanken drehte, dass alle Geschöpfe nur einen Vater haben und demnach alle Brüder sind.

Franziskus' Liebe zur Natur war nicht nur die Frucht einer gefühlvollen, weichherzigen Veranlagung, vielmehr spürte er in allem die Präsenz des einen Gottes, an den er glaubte, und dies bestimmte alles, was er sagte und tat. Trotz seiner Heiterkeit war er nicht von leichtherzigem, sorglosem Wesen. Niemand hat je seine Kämpfe mit sich selbst im Gebet, seine tränenreichen Qualen, seine heimlichen Zweifel miterlebt. Er konnte aus nichts heraus Musik machen, indem er einfach zwei Stöckchen wie Geige und Bogen aneinanderrieb, um seiner Freude Ausdruck zu geben – aber er konnte gleichermaßen bedrückt sein. Auch an Versuchungen und anderen Schwächungen der Seele mangelte es dem Heiligen nicht.

Franziskus' Bescheidenheit rührte daher, dass er sich allem, in dem er den inneren Frieden der Kinder Gottes fand, vollständig hingab.

Der alte Mann von Innsbruck

Nach einer tollen Lesung und einem schönen Essen mit Kurt und der Buchhändlerin Sabine wollte ich einen Spaziergang durch die Stadt machen. In der kalten Nacht waren nicht viele Leute unterwegs.

In der Altstadt von Innsbruck fühlte ich mich ins Mittelalter zurückversetzt, ich überlegte, wie das Leben damals wohl war – wahrscheinlich einfacher; und sicherlich haben sich die Einwohner der kleinen Stadt alle gekannt.

Durch eine ruhige, enge Straße ging ich allein zum Hotel zurück. In der spärlich beleuchteten Fußgängerzone sah ich einen alten Mann auf dem Boden sitzen, er versuchte, sich gegen die Kälte zu schützen.

Als ich an ihm vorüberging, sagte er etwas zu mir, doch ich verstand es nicht.

»Sorry«, sagte ich auf Englisch, »ich spreche kein Deutsch.«

»Aber ich kann Englisch«, sagte er. »Haben Sie eine Zigarette für mich?«

»Gern.« Ich zog meine Zigarettenschachtel aus der Tasche und bot ihm eine an.

»Haben Sie auch Feuer?«

»Klar.«

Er zündete die Zigarette an und sog den Rauch tief ein, dann blies er ihn langsam wieder aus.

»Ich muss jetzt weiter«, sagte ich.

»Bleiben Sie doch noch eine Weile, ein bisschen Gesellschaft würde mir guttun.«

Erst zögerte ich, doch dann dachte ich: Warum nicht? Also zündete auch ich mir eine Zigarette an und setzte mich neben ihn auf den Boden. Leute gingen vorüber und sahen uns verächtlich an. Aber so sind wir eben; die meisten Menschen urteilen über andere, ohne zu wissen, welches Leid oder welcher Schmerz ein Fremder mit sich herumträgt. *Das hat Franziskus nie getan, er hat andere nicht verurteilt.*

»Wie geht es Ihnen«, fragte ich den Mann.

»Das Essen ist mies, das Bett hart, aber immerhin habe ich eine Flasche billigen Wodka. Und Sie? Sind Sie Tourist?«

»Jein«, sagte ich. »Ich bin zum ersten Mal hier und sehe mich ein bisschen um, doch ich habe hier auch beruflich zu tun.«

»Was arbeiten Sie?«

»Ich bin Schriftsteller.«

Er machte große Augen.

»Was schreiben Sie denn für Bücher?«

»Ach, das weiß ich eigentlich auch nicht so genau. Sagen wir: einfache Geschichten, in denen ich versuche, meiner Seele und meinem Herzen mit Worten Ausdruck zu verleihen.«

Er lächelte.

»Das ist gut. Würden Sie auch über mich schreiben?«, fragte er.

»Nun, kommt darauf an … Schon möglich – wenn es zu dem passt, was ich sagen will.«

Er blickte in den Himmel. Es schneite.

»Meine Zeit ist bald um; das weiß ich«, sagte er. »Ich habe es im Leben zu nichts gebracht, materiell gesehen. Ich bin gescheitert, aber ich habe viel gesehen und gehört und im wirklichen Leben vieles gelernt. Ich werde Ihnen heute Abend wahrscheinlich nicht erzählen, was ich über die Welt denke, aber ich werde bestimmt über all das nachdenken, was ich Ihnen sagen will. Werden Sie nun in Ihrem Buch schreiben, was ich Ihnen sage?«

Ich war ein wenig unsicher, doch ich antwortete: »Na gut.«

»Haben Sie Stift und Papier?«

»Nein.«

»Egal. Wenn Sie wirklich aus dem Herzen schreiben, dann werden Sie sich an meine Worte erinnern.«

»Ja.«

Er sah die Straße hinunter, doch mit den Gedanken war er woanders:

»Ich hoffe, dass Gott mir all meine Sünden vergibt – dass ich ein Penner und Trinker bin und nichts aus meinem Leben gemacht habe. Doch mit Ihnen als Zeuge will ich heute sagen, was mich bewegt. Ich würde gern weniger schlafen, denn jedes Mal, wenn ich die Augen schließe, verliere ich etwas von der Welt. Ich gehe gern umher, wenn andere innehalten, ich wache gern auf, wenn andere schlafen gehen, ich höre zu, wenn andere sprechen. Ja, ich bin Trinker, doch ich würde viel lieber Schokolade essen, sie schmeckt mir, sie macht mich froh, und ich vergesse dabei den Hass, den ich fühle. Wenn ich wütend oder neidisch bin, schreibe ich es nachts in den Schnee, und am Morgen warte ich, bis die Worte in der Sonne weggeschmolzen sind. Nachts singe ich den Mond an, tagsüber die Sonne. Und wenn ich weinen muss, suche ich für meine Tränen immer eine Pflanze, am besten eine Rose, damit ihre Blüte mir die Traurigkeit nimmt. Ich würde gern allen Menschen zeigen, dass sie sich irren, wenn sie meinen, sie könnten nicht mehr lieben, wenn sie alt sind, dabei werden sie doch nur alt, weil sie vergessen, wie man liebt. Ich würde ihnen gern sagen, dass der Tod nicht mit dem Alter kommt, sondern wenn sie dieses wundervolle Leben wegwerfen, das Gott ihnen geschenkt hat. Ja, mein Freund, ich habe von meinen Mitmenschen viel gelernt, ich weiß, dass jeder ganz oben auf dem Gipfel stehen und nichts davon wissen will, dass die Wanderung das Leben ist, nicht das Erreichen des Gipfels. Als alter Penner, Taugenichts und nutzloser Alkoholiker weiß ich, dass keiner das Recht hat, über einen gefallenen Menschen zu urteilen, es sei denn, er ist gewillt, ihm wieder auf die Beine zu helfen.«

Ich saß bei dem alten Mann, bis er einschlief. Ich steckte ihm ein paar Zigaretten, mein Feuerzeug und etwas Geld in die Tasche. Ich wusste natürlich, dass dies keine Lösung für seine Probleme war. Er war eine verirrte Seele. Wie ich vor einiger Zeit. Wie Franziskus, bevor er seinen Weg fand. Doch ich hatte nun gelernt, dass auch eine verirrte Existenz etwas mitzuteilen hat, wenn man nur bereit ist zu hören, was aus ihrem Herzen spricht.

Am nächsten Morgen stand ich früh auf und packte meinen Koffer. Kurt fuhr mich nach München zurück, wo ich den Flieger nach Lima nehmen würde.

Auf dem Weg bat ich ihn, kurz anzuhalten, damit

ich mich von dem Obdachlosen, den ich in der Nacht kennengelernt hatte, verabschieden und ihm für die wichtige Lektion danken konnte, die er mir über das Leben erteilt hatte. Er war nicht da. Ich sah, dass der Schnee, der über Nacht gefallen war, in der warmen Morgensonne geschmolzen war. Weggeschmolzen wie seine Traurigkeit …

Ich hatte ihn nicht nach seinem Namen gefragt, er nicht nach meinem. Es war nicht wichtig. Wichtig ist, dass ich seine Geschichte niederschreiben kann. Denn jedes Geschöpf auf dieser Welt ist wichtig, unabhängig von seiner äußeren Erscheinung und unabhängig davon, wie eine grausame Welt ihn betrachten mag. Wer weiß, was ihn in diese Verwahrlosung getrieben hat? Was für ein Leben hatte er geführt? Was für eine Kindheit hatte er verlebt? Hätte er doch nur das Glück gehabt, einen Franziskus zu finden, eine helfende Hand, die ihn aus seinem Elend gezogen hätte!

Niemand außer ihm wird je wissen, warum sein Leben so verlaufen war. Doch wie er zu mir gesagt hatte:

»Ich werde Ihnen heute Abend wahrscheinlich nicht erzählen, was ich über die Welt denke, aber ich werde bestimmt über all das nachdenken, was ich Ihnen sagen will.«

8 Das Leben des Franziskus

Franziskus begab sich auf Missionswanderschaft nach Dalmatien, Frankreich und Spanien. Mit seiner »süßen Rede» wurde der sanftmütige *poverello*, der gegenüber Mensch und Kreatur gleichermaßen demütig war, weit über die Lande hinaus bekannt und von den Menschen, die ihn treffen und erleben durften, inniglich verehrt; sie nannten ihn den »Troubadour Gottes«.

Im Jahr 1219 gelangte Franziskus während des Kreuzzuges von Damiette nach Ägypten. Unbewaffnet brach er aus dem Lager der Kreuzfahrer auf. Er wollte ins Heilige Land pilgern und die Ungläubigen bekehren. Die Soldaten des Sultans nahmen ihn jedoch gefangen und führten ihn ihrem Herrscher und Feldherrn vor. Unbeirrt und unerschrocken predigte Franziskus sein Evangelium und setzte sich für Frieden und Gewaltlosigkeit ein, er wollte sogar durchs Feuer gehen, um zu zeigen, welcher Glaube der richtige wäre. Davor schreckte der Sultan zurück, er war aber ausreichend beeindruckt, um Franziskus gehen zu lassen, ohne ihm ein Haar zu krümmen.

Franziskus zog also nach Jerusalem, allerdings fand er bei den Menschen dort nur wenig Gehör. Auch den grausam marodierenden Kreuzrittern predigte er vergebens den Weg der Liebe, der Armut und des Seelenheils. Und so kehrte er 1220 in seine Heimat zurück, wo sein Orden weithin Fuß gefasst hatte und sich nach Jesu Vorbild in Armenpflege und Seelsorge hervortat. »Willst du vollkommen sein, so geh hin, verkaufe, was du hast, und gib es den Armen.« (Mt. 19,21)

Wieder zu Hause

Vor zwei Wochen kehrte ich von meiner eindrucksvollen Europareise nach Lima zurück.

Mein Freund Martin aus Frankfurt, der mich während der Buchmesse im Oktober immer beherbergt, will mich im Januar besuchen. Es ist höchste Zeit, dass er mal mein Gast ist, und ich freue mich darauf, mit ihm auf den Wellen zu reiten.

Als ich das Gästezimmer vorbereite, öffne ich einen Schrank. Da sind drei Kartons, in denen quasi meine ganze Lebensgeschichte verstaut ist. Wer viele Erinnerungen in sich trägt, braucht nur wenige materielle Dinge, um dem Gedächtnis auf die Sprünge zu helfen.

Mit einem feuchten Lappen wische ich den Staub von den Schachteln. Die Versuchung ist zu groß – ich öffne sie. Eine innere Stimme sagt mir:

»Wenn du auf der Sonnenseite gehst, rechne auch immer mit Schatten!«

Und da sind sie wieder, die Dinge, die ich fast vergessen hatte: meine ersten Liebesbriefe, Fotos von Freundinnen und Freunden, die ich mit acht oder vielleicht auch zehn Jahren hatte; die Tasche, die meine Mutter dabeihatte, als ich sie ins Krankenhaus brachte, bevor sie starb. Ich kann mich noch immer nicht von ihr trennen. Der Schmerz ist zu groß. Doch da sind auch glückliche Erinnerungen: Videos aus Südafrika, Australien, von überall her; mein Abschlusszeugnis, ein Stück meines ersten Surfbretts. Alle meine Abenteuer, alle meine Träume sind wahr geworden.

Fotos habe ich nur wenige, ich habe fast nie eine Kamera dabei.

Oft werde ich gefragt: »Wollen Sie sich denn nicht fotografieren lassen?«

Aber ich fotografiere lieber mit den Augen, damit ich das Bild in meinem Herzen habe.

Die nächste Schachtel: altes Spielzeug und Spiele, darunter ein *Monopoly* mit einem Spielbrett aus Holz. Ich erinnere mich an ein Weihnachtsfest, als wir knapp bei Kasse waren und mein Vater mir und meinem Bruder seine ehemaligen Spiele schenkte. Es war die schönste Bescherung meines Lebens. Seitdem sind über dreißig Jahre vergangen, doch mir ist, als sei es gestern erst gewesen. Das Leben ist so kurz.

Da fällt mir eine Geschichte ein: Ein reicher Tourist reiste einmal in ein fernes Land, um einen Weisen zu besuchen, von dem er gehört hatte. Der Tourist war erstaunt, dass der Weise in einem kleinen Verschlag hauste, voll mit Büchern zwar, aber ansonsten gab es nur ein Bett, einen Tisch und einen Stuhl.

»Wo sind denn die anderen Möbel?«, fragte der Reiche.

»Wo sind Ihre?«, versetzte der Weise gleich.

Der Reiche war verdutzt.

»Meine? Ich bin doch nur auf der Durchreise.«

»Ich auch«, erwiderte der Weise. »Haben Sie schon einmal gesehen, dass jemand mit all seinen Besitztümern begraben wurde? Oder dass neben dem großen Grab noch ein kleines ausgehoben wird, wo man die Zunge des Toten bestattet? Ersteres war Brauch in den alten Hochkulturen, Letzteres sollte man bei jenen Menschen tun, die über andere reden, ohne zu wissen, was beispielsweise einen armen Mann veranlasst hat, in einer bestimmten Weise zu handeln. Es ist so leicht, über andere zu urteilen. Nun, mein Freund«, fuhr der Weise fort, »mein irdisches Leben ist nur vorübergehend, doch ich sehe, dass die Menschen sich hier einrichten, als lebten sie ewig. Anstatt ihre Lebenszeit auf die Suche nach Weisheit und wahrem Glück zu verwenden, streben sie nur nach materiellen Gütern. Reich ist nicht der mit dem größten Besitz, sondern wer mit dem Allernötigsten auskommt.«

Und wieder muss ich an Franziskus denken. Und an die Worte des alten Mannes von Innsbruck.

Ich jedenfalls bin glücklich mit meinem Dasein. Ich bin nur ein Reisender im Leben, der seine Gefühle und Gedanken ausdrücken will. Ich bin glücklich, wenn das Bild, das ich von mir selbst habe, mit der Wirklichkeit übereinstimmt, in der ich immer leben wollte. Ich beneide niemanden um sein Leben, ich selbst bemühe mich, aus meinem Leben ein Gedicht zu machen. Und wenn ich andere Menschen nicht glücklich machen kann, so mache ich sie zumindest nicht unglücklich. Ich weiß, dass man Vergangenes nicht mehr ändern kann, indem man verzeiht, aber ganz bestimmt bringt man damit die Zukunft auf einen guten Weg.

Ich lächle. Ja, das Beste, was man im Leben tun kann, ist selbstlos zu geben. Dies wusste Franziskus besser als jeder andere. Und ob man will oder nicht, bekommt man es zehnfach zurück, auch wenn man nichts verlangt. Und das ist das Wesentliche.

Man kann in allem, was man tut, scheitern, doch nicht am Leben selbst. Das habe ich von Franziskus und von vielen anderen Menschen gelernt, die durch unsere Städte wandern.

9 Das Leben des Franziskus

Seit seiner Reise in den Orient verschlechterte sich Franziskus' Gesundheitszustand zunehmend; er hatte sich eine Augeninfektion zugezogen, die ihn langsam erblinden ließ. Zudem gab es Spannungen innerhalb des rasch wachsenden Ordens. Franziskus gab die Leitung ab und zog sich 1222 in seine Einsiedelei im toskanischen Apennin zurück, um in völliger Ruhe und Abgeschiedenheit und inmitten der Natur allein zu sein mit seinem Schöpfer. Die kleine, von Birken umstandene Höhle mit einem Bett aus Fels auf dem Berg Alverna war für Franziskus seit 1212 ein bevorzugter Ort der Buße und des Gebets.

Der Legende nach empfing der Heilige dort nach vierzigtägigem Fasten im September 1224 die Stigmata Christi. Er hatte dafür gebetet, am Leiden Jesu Anteil haben zu dürfen; daraufhin war ihm der Gekreuzigte als Seraph erschienen, hatte ihn durchdrungen und gezeichnet.

Franziskus aber verbarg seine Wundmale und verpflichtete auch seine liebsten und nächsten Brüder, die die Zeichen gesehen hatten, zu Stillschweigen. Erkannt wurden sie erst nach seinem Tod.

Wunder gibt es überall

Vor einiger Zeit habe ich drei Autostunden nördlich von Lima einen ganz besonderen Ort entdeckt: einen idyllischen Strand mit schönen Holzbungalows. Ein »Geheimtipp«, der kaum beworben wird und nur wenigen bekannt ist. Man muss von der Panamericana Norte abfahren und die schmale Straße zum Strand nehmen.

Um mich inmitten der Geräusche und der Bilder der Natur zu erholen, verbrachte ich wieder ein paar Tage in Las Aldas, wo ich ganz ich selbst sein kann. Ohne elektrisches Licht, Radio, Fernseher – nur das Flüstern des Winds und der Gesang der Wellen, die sich an den Felsen brechen.

Señor Scarpetti, der Eigentümer, freut sich immer, wenn ich komme. Er hatte es eines Tages satt gehabt, in einem Ministerium zu arbeiten, und sich von der Welt abgewandt. Mit seiner jungen Familie hat er nach und nach seinen Traum verwirklicht und eine Oase in der Wüste geschaffen. Er blickt nie zurück, er hat gefunden, was er gesucht hatte.

Bei meinen Besuchen plaudern wir immer ungezwungen übers Leben. Ich erzählte ihm von meiner Europareise, von den bayerischen Alpen, dem Hotel Luna in Amalfi, der Blauen Grotte …

»Sagten Sie ›Blaue Grotte‹?«

»Ja«, anwortete ich.

Er lächelte.

»Sie haben nur den vorderen Teil der Insel betreten, nicht wahr?«

»Ja«, entgegnete ich.

Er meinte die kleine Insel, die etwa zweihundert Meter von der Ferienanlage entfernt liegt. Ein Rückzugsgebiet für Humboldt-Pinguine, Möwen, Seelöwen und Delfine. Bei Ebbe kann man sie zu Fuß erreichen. Sie misst etwa dreihundert Meter im Durchmesser und ist fünfzig Meter hoch.

»Haben Sie die Insel ganz erkundet?«, fragte er.

»Ich denke schon.«

»Dann sehen Sie noch mal genau hin. Und kommen Sie nicht zurück, bevor Sie es nicht gefunden haben.«

»Was soll ich finden?«

»Das werden Sie dann schon sehen. Wenn es so weit ist, wissen Sie, was ich meine.«

Ich ging in meinen Bungalow, zog meine Neoprenstiefel an und spazierte zur Insel. Es war nur ein Katzensprung. Es herrschte Ebbe, die Sonne schien, das Wasser war leuchtend blau und spiegelglatt. Ich kletterte die Felsen hinauf und beobachtete wie immer die Möwen. Am Horizont sah ich Seelöwen bei der Jagd. Ich ging weiter zum anderen Ufer und setzte mich.

Ich sah aufs weite Meer und fragte mich, was Señor Scarpetti mir wohl hatte sagen wollten. »Sehen Sie noch mal genau hin …«

Da gibt es nicht mehr zu sehen!, dachte ich. Doch dann begriff ich, was er meinte, und das Herz ging mir auf. Ich trat an die Kante der Klippe, blickte hinunter und sah einen Geröllpfad, der zum Wassersaum führte. Ich war allein und hatte ein bisschen Angst. Was, wenn ich fiel? Ich könnte mich verletzen, und niemand würde mir helfen. Doch die innere Stimme kann man nicht bestechen, und sie sagte mir, ich solle dort hinuntergehen.

Also ging ich. Ich musste richtiggehend über die scharfkantigen Felsen absteigen und brauchte fast eine Viertelstunde, aber ich schaffte es.

Unten traute ich meinen Augen nicht – in vielen Jahrtausenden hatte die stete Brandung eine große Höhle ausgespült, die voller Stalaktiten war. Man konnte sie nur von der Stelle sehen, wo ich nun stand. Langsam kletterte ich über die Felsblöcke zum Eingang.

Die Höhle war der Blauen Grotte so ähnlich, dass ich fast den Duft der italienischen Küste riechen konnte, dabei war ich doch nun in Peru! In der Höhle, die vor der Dünung geschützt war, war das Wasser ganz ruhig.

Doch was ich nun entdecken sollte, raubte mir den Atem: Das Wasser war kristallklar und azurblau, denn oben im Fels war ein Loch, durch das Sonnenstrahlen in die Höhle einfielen. Doch in diesem Teil der Welt war die Felsküste voller Leben: Seesterne, Muscheln, Schnecken, Krabben – und alle waren blau …

Ich schwamm lange in der Höhle umher. Ich legte mich flach auf den Rücken und schloss die Augen. Und wie in der Blauen Grotte fühlte ich mich frei, auszudrücken, was ich fühlte und dachte:

Was nicht geboren ist, kann auch nicht wachsen.

Das war die Antwort, die ich gesucht und vor langer Zeit in Franziskus' Eremo gefunden hatte. Wenn man also nicht träumt, kann man seine Träume auch nicht verwirklichen. Denkt man, etwas sei unmöglich, dann wird es nie geschehen. Gibt man anderen die Schuld an seinem Leben, wird man nie das Leben leben, das man sich erträumt. Lernt man nicht demütig aus seinen Fehlern, macht man sie erneut. Sieht man ein Problem nicht als eine Chance an, wird es immer ein Problem bleiben. Macht man keinen Umweg, entdeckt man nie die Dinge, die darauf warten, das Leben mit Freude zu füllen. Es gibt keine Zufälle – alles ist nur dazu da, den Weg weiterzugehen, den wir eingeschlagen haben. Und was man Zufall nennt, sind die Zeichen am Weg, an Ihrer Straße, wenn Sie bereit sind, ihr zu folgen.

Was Sie sind, was Sie sein können, hängt von Ihrer Sicht aufs Leben ab. Früher oder später haben Sie Erfolg, Sie müssen es nur von ganzem Herzen wollen. Doch das Gute fällt nicht vom Himmel, man muss hart dafür arbeiten. Die Erfüllung Ihrer Ziele ist gewissermaßen eine Wiederauferstehung aus der Asche Ihrer Fehler.

Grämen Sie sich nicht, wenn das Geld hier und da fehlt. Selbstverständlich braucht ein jeder Geld, doch sollte man es sich mit Liebe erarbeiten. Und wenn Sie scheitern, machen Sie nicht andere dafür verantwortlich. Lernen Sie daraus, sonst finden Sie immer einen Grund, alles auf die anderen zu schieben. Jetzt ist ein guter Zeitpunkt, das Leben zu ändern. Fangen Sie gleich damit an. Warum auf morgen warten?

Ihre Zukunft hängt von dem ab, was Sie heute tun, genauso wie die Gegenwart von dem abhängt, was

Sie in der Vergangenheit getan oder unterlassen haben.

Wachsen Sie an früheren Fehlern und vergangenem Leid, und werden Sie größer als Ihre größten Hindernisse. In Ihnen steckt ein Mensch, der vieles kann. Blicken Sie in sich hinein, sehen Sie den Mut und den Willen, die in Ihnen wohnen, und nicht die Schwäche, die Ihnen alle möglichen Rechtfertigungen liefert. Lernen Sie von den starken Menschen, den wahren Verfechtern des Geistes, die aus nichts etwas gemacht haben. Alle haben schwere Zeiten durchgemacht, doch am Ende hatten sie Erfolg.

Wenn Sie sich selbst kennen, werden Sie frei und stark sein und keine Marionette, die sich im Wind der Welt bewegt. Sie haben Ihr Schicksal in der Hand. Niemand außer Ihnen selbst kann Ihr Leben leben. Erwachen Sie im hellen Licht des neuen Tages, das in Ihnen und um Sie herum strahlt. Sie selbst sind Teil der universellen Kraft.

Doch um all dies zu schaffen, darf man Franziskus' Lektion nicht vergessen:

»*Was nicht geboren ist, kann auch nicht wachsen …*«

10 Das Leben des Franziskus

Im September 1226 ließ sich der todkranke Franziskus zu seiner geliebten Portiunkula bringen. Er wollte sein Lebensende an dem Ort verbringen, wo er seine Berufung empfangen und seine Ordensbewegung ihren Anfang genommen hatte.

Auf dem Weg bat er um Rast. Mit größter Anstrengung sprach er einen ergreifenden Segen für die Stadt Assisi, die seine blinden Augen jedoch nicht mehr sehen konnten.

Seine letzten Tage verbrachte er in einer winzigen Zelle in der Portiunkula. Am Abend vor seinem Tod ließ er sich wie sein göttlicher Meister Brot bringen. Er brach es und teilte es mit den anwesenden Brüdern. Dann segnete er seinen ältesten Gefährten Bernhard von Quintavalle, seinen Generalvikar Elias von Cortona und die anderen Getreuen. »Ich habe meinen Part erfüllt«, sagte er, »möge Jesus Christus euch führen, den euren zu erfüllen.«

Um noch ein letztes Mal seine Loslösung von allem Materiellen zu bekräftigen und zu zeigen, dass er mit der Welt nichts mehr gemein hatte, entledigte er sich seiner ärmlichen Kutte und legte sich auf den nackten Boden, nur bedeckt mit einem geliehenen Gewand, und war es zufrieden, dass er seiner Herrin Armut bis zum Schluss die Treue halten konnte.

Er bat darum, dass man ihm das Johannesevangelium vorlas, und zitierte selbst mit brüchiger Stimme Psalm 142. Beim Schlussvers, »Führe mich heraus aus dem Kerker …«, holte ihn der Tod – nach dem *Sonnengesang* war auch er ihm ein Bruder – in den Himmel.

Dies geschah in der Nacht des 3. Oktober 1226. Franziskus war fünfundvierzig Jahre alt. Genau zwanzig Jahre zuvor hatte er sich Christus bedingungslos zugewandt.

Epilog

Das Leben ist eine Frage der Wahrnehmung.

Wenn ich meine Erwartungen auf ein Minimum reduziere, verwandelt sich das Leben in eine Reihe schöner Überraschungen. Jeden Tag sage ich mir, ich darf nichts erwarten, stattdessen bin ich dankbar für all das Wunderbare, das das Leben für mich bereitgehalten hat. Wieder einmal hat mir das Leben etwas noch Tolleres gezeigt, als ich erwartet, einen Schatz, den ich nie gesucht hatte.

Wenn ich nun daran denke, wie enttäuscht ich war, als ich in Assisi den Eremo delle Carceri nicht besuchen konnte, muss ich lächeln. Denn Franziskus, diesen wundervollen Menschen, habe ich überall gefunden: in der Blauen Grotte, in den Augen der kleinen Clara in Aalen, in Andreas Herz, die bei den Franziskanerinnen in Assisi gelebt hat, im verwunschenen Brunnen des Hotel Luna, im Café *Samocca*, im schönen Kaufbeuren, auch in den kleinen blauen Tierchen, die in der Grotte von Las Aldas leben, ja sogar in der Tiefe meines eigenen Herzens. Ich glaube, dass Franziskus das Göttliche ist, das in allen kleinen und großen Geschöpfen lebt, nicht mehr und nicht weniger.

Ich gehe barfuß durch den Sand. Es tut gut, dem Meer so nah zu sein. Bald kommt der Sommer, doch das Wasser ist immer noch sehr kalt. Die Möwen hier sind die einzigen Zeugen meiner Wiedergeburt. Morgen werde ich fünfundvierzig, zumindest nach dem Kalender der Menschen. Ist es nicht merkwürdig – heute Morgen las ich in der Zeitung, dass die katholische Kirche erwägt, die Lehre des Limbus aufzuheben, der »Vorhölle«, die Dante in der *Göttlichen Komödie* beschreibt. Nach dem Dogma befanden sich dort ungetauft verstorbene Kinder. Ein Ort zwischen Himmel und Hölle.

Limbus?

Himmel?

Hölle?

Fünfundvierzig Jahre alt?

Nein. Ich glaube mit ganzer Seele an dieses Meer, das vor mir glitzert, unabhängig von meinem Alter. Ich weiß, dass ich noch jung bin, denn die Schönheit der Welt versetzt mich noch immer in Erstaunen.

Die Wellen sind alterslos. Ich auch. Die Zeit setzt sich aus Momenten zusammen, nicht aus Tagen, Monaten, Jahren. Und dies ist zumindest für mich ein zeitloser Moment. Der Wert einer Erfahrung liegt nicht in ihrer Dauer, sondern in ihrer Intensität. So wird es immer unvergessliche Augenblicke, unbeschreibliche Situationen und unvergleichliche Menschen geben. Nur wenn ich demütig bin, in der wahren Bedeutung des Wortes, kann ich für immer Frieden im Herzen finden. Wie Franziskus.

Ich verstehe nun, dass der Lebensrhythmus sich im Alter nicht verlangsamt, wenn man den Mut hat, seine eigenen Schritte zu setzen. Ich hoffe, dass mir dies bis zu meinem letzten Atemzug gelingt.

Es wird dunkel, der Strand ist leer bis auf meine Schwestern, die Möwen. So mag ich es. Ich strecke meinen Fuß in das salzige Wasser, es ist kalt, eiskalt. Ich weiche zurück. Aber nein, das geht nicht, ich habe eine Verabredung mit Bruder Ozean, er hat mir so sehr gefehlt.

Ich hole tief Luft und tauche in die nächste Welle. Tausende Nadeln stechen in meine Haut, doch nach einer Weile spüre ich die Kälte nicht mehr. Wir sind wieder eins, das Meer und ich, so wie es immer war und immer sein wird.

Nun ist es Nacht, die Sterne, meine schönen funkelnden Schwestern, stehen am Himmel. Dann kommen die Krabben aus ihren Sandlöchern und laufen mit ihrem ureigenen Schritt über den Strand: seitwärts und immer auf der Hut.

Ich freue mich. Ich fühle mich eins mit der Welt, dem Universum, das in meiner Seele wohnt. Und indem ich einen Teil meiner Seele dem Meer gebe und einen anderen Teil in diese Zeilen fließen lasse, danke ich dem Leben für einen weiteren Moment der Erkenntnis.

Assisi. Sorrent. Amalfi. Die Blaue Grotte. Kaufbeuren. Las Aldas.

Katia. Wolfgang. Andrea. Clara. Petra. Señor Scarpatti.

Franziskus von Assisi.

Danke euch allen. Danke, dass ihr mir geholfen habt zu erkennen, dass ich genau das Leben führe, das ich leben soll. Danke, dass ihr mir die wahre Bedeutung des Wortes Bescheidenheit offenbart habt. Nun weiß ich, dass der Friede, den ich vor Jahren, wie Franziskus, in der inneren Einkehr am Monte Subasio gefunden habe, immer in mir sein wird. Ja, an einem bestimmten Zeitpunkt meines Lebens musste ich den Eremo aufsuchen, um mit mir ins Reine zu kommen, denn das Leben ist ein Lehrmeister, und indem wir weitermachen, lernen wir dazu, sofern wir es nur wollen. Dieser wundervolle Mensch, der einst einen Ort des Friedens in den Bergen schuf, lehrte mich, auf mein Herz zu hören.

Der Eremo delle Carceri wird sich immer am Monte Subasio befinden. Doch heute weiß ich, dass ich ihn auch an anderen Orten, die ich besucht, und in den Menschen finden kann, die ich getroffen habe, in der Blauen Grotte von Capri und in meiner Grünen Grotte von Las Aldas, auch in meinem Herzen, wenn ich es will. Endlich habe ich überall auf der Welt eine Einsiedelei gefunden.

Dafür danke ich dir, Franziskus, mein teurer Freund und Lehrer.

Dank dir finde ich das Leben schön, dank dir finde ich mein Leben richtig.

Zum guten Schluss – oder zum Weiterreisen

Wer den einen oder anderen magischen Ort virtuell aufsuchen möchte, kann dies unter folgenden Adressen tun:

Assisi: *www.assisionline.net*
Portiunkula: *www.porziuncola.org*
Casa della Pace: *www.klostersiessen.de*
Amalfi: *www.lunahotel.it*
Blaue Grotte:
www.lochstein.de/hrp/orte/blaue/blaue.htm
Aalen: *www.samocca.de*
Las Aldas, Peru: *www.lasaldas.com*

Über den Schutz der Meeressäuger vor Ischia informiert *www.delphismdc.com*, und *www.art-aid.de* über die Peruhilfe der Kaufbeurener.

Aus der umfangreichen Literatur über Franz von Assisi sei die Schrift seines Zeitgenossen Thomas von Celano hervorgehoben: *Leben und Wunder des heiligen Franziskus von Assisi* (Neubearbeitung), Kevelaer 2001; und – aus jüngerer Zeit –: Helmut Feld, *Franziskus von Assisi und seine Bewegung*, Darmstadt 1996.

Sergio Bambaren –
Die Geschichte eines Träumers

Sergio Bambaren Roggero wurde am 1. Dezember 1960 in Lima, Peru, geboren, wo er die britische High-School absolvierte. Bereits von frühester Kindheit an war er fasziniert vom Ozean, der untrennbar mit dem Stadtbild Limas verbunden ist. Diese Liebe zum Wasser sollte ihn für den Rest seines Lebens entscheidend prägen und ihm unter anderem den Anstoß geben, sich auf das Abenteuer eines Lebens als Schriftsteller einzulassen.

Seine Freude am Reisen und seine Begeisterung für andere Länder führten Bambaren in die USA, wo er an der Texas A&M University Chemotechnik studierte, ein Gebiet, das ihn sehr interessierte – doch seine große Liebe war und blieb der Ozean. Um so oft wie möglich seiner Leidenschaft, dem Surfen, frönen zu können, reiste er mit Vorliebe in Länder wie Mexiko, Kalifornien oder Chile.

Schließlich entschied Bambaren sich, nach Australien, genauer nach Sydney, auszuwandern, wo er als Verkaufsleiter arbeitete. Auch von der neuen Heimat aus unternahm er viele Reisen, u.a. nach Südostasien und an die afrikanische Küste – immer auf der Suche nach der perfekten Welle.

Nachdem er einige Jahre in Sydney gelebt hatte, legte Bambaren ein *sabbatical,* d.h. einen Forschungsurlaub, ein, um nach Europa zu reisen. In Portugal schließlich, an einem herrlichen Strand, eingerahmt von Pinienwäldern, fand Bambaren einen ganz besonderen Freund und erkannte, welchen Weg im Leben er zu gehen haben würde: Ein einsamer Delphin inspirierte ihn dazu, sein erstes Buch, »Der träumende Delphin. Eine magische Reise zu dir selbst«, zu schreiben.

Als er wieder nach Sydney zurückkehrte, erhielt Sergio Bambaren ein Angebot von Random House Australia, sein Buch zu verlegen, doch er schlug es aus, da er das Gefühl hatte, die Änderungen, die der Verlag vornehmen wollte, würden den Inhalt und die Botschaft seines Buches zu stark verändern. Er entschied sich 1996, sein Buch im Selbstverlag herauszubringen.

Dieser Entschluss veränderte Sergio Bambarens Leben grundlegend: Er verkaufte in Australien mehr als 60 000 Exemplare von »Der träumende Delphin«.

Der Traum, ein Leben als Schriftsteller zu führen, begann endlich Gestalt anzunehmen.

»Der träumende Delphin« wurde bis heute in 25 Sprachen übersetzt, u. a. in Russisch, Kantonesisch und Slowakisch. In Deutschland steht der Titel seit Jahren auf der Bestsellerliste und wurde über eine Million mal verkauft. Ähnlich gute Ergebnisse erzielte er u. a. in Lateinamerika und Italien.

Ebenso begeistert wurden auch seine anderen Bücher aufgenommen: »Ein Strand für meine Träume«, »Das weiße Segel«, »Der Traum des Leuchtturmwärters«, »Samantha«, »Die Botschaft des Meeres«, das Weihnachtsmärchen »Stella«, »Die Zeit der Sternschnuppen«, »Der kleine Seestern« sowie zuletzt »Die Rose von Jericho« wurden in vielen Ländern zu großen Erfolgen.

Sein großes Interesse am Ozean und sein Anliegen, sämtliche Walarten zu schützen, machten ihn zum idealen Kandidaten für den Posten des Vizepräsidenten der ökologischen Organisation »Mundo Azul« (Blaue Welt). Seither bereist Sergio Bambaren im Auftrag dieser Organisation die verschiedensten Länder mit dem Ziel, die Ozeane und ihre Lebewesen zu erhalten. In Zusammenarbeit mit »Dolphin Aid« setzt er sich mit Therapieformen auseinander, bei denen der Kontakt von behinderten Kindern zu Delphinen für bessere Heilungschancen sorgen soll.

Sergio Bambaren lebt zur Zeit wieder in seiner Heimatstadt Lima, Peru, von wo aus er, wenn er gerade nicht reist, am liebsten surfen geht – umringt von Delphinen mit den Wellen eine Einheit zu bilden gibt ihm die Inspiration und Energie, weiterhin für all diejenigen zu schreiben, die wie er irgendwann in ihrem Leben beschlossen haben, nach dem Motto zu leben: »Laß dich nicht von deinen Ängsten daran hindern, deine Träume wahr zu machen!«.

Im Herbst 2005 hat Sergio Bambaren Europa bereist: er besuchte u.a. Holland, Sardinien und Süditalien und hielt sich dabei auch in Ischia auf, wo die größte Delphin-Forschungsstation im Mittelmeerraum beheimatet ist.

Den krönenden Abschluss seines Europaaufenthalts 2005 bildete eine erfolgreiche Signiertour in Deutschland und Österreich im November 2005. Die auf dieser Reise gewonnenen Erfahrungen sind in sein neuestes Buch »Die Blaue Grotte« eingeflossen.

Nach Süditalien ist der Autor inzwischen mehrfach zurückgekehrt, da dort der Großteil der Dreharbeiten zu »Ein Strand für meine Träume« stattfindet, der voraussichtlich 2008 in die Kinos kommt.

Inhalt

PIPER

Sergio Bambaren

Die Rose von Jericho

Die Geschichte eines Neuanfangs. Aus dem Englischen von Clara Lind. 192 Seiten. Gebunden

Michael kann stolz auf sich sein. Er hat all das erreicht, was er sich vorgenommen hatte. Erfolgreich im Beruf und ein glücklicher Familienvater, merkt Michael anfangs kaum, wie Selbstbestätigung und Erfüllung in der Arbeit mehr und mehr zur Sucht für ihn werden. Ganz anders Alejandra, die sich nur noch dunkel an ihren meist betrunkenen Vater erinnern kann und sich jetzt selbst im Alkohol zu verlieren droht. Doch dann finden Alejandra und Michael sich eines Tages an ein und demselben Tiefpunkt wieder und müssen beide lernen, noch einmal ganz von vorn anzufangen … Sergio Bambarens Bücher berühren Millionen von Menschen auf der ganzen Welt. Jetzt erzählt er zum erstenmal von den existentiellen Erfahrungen und Ängsten, die sein eigenes Leben geprägt und verändert haben: »Meine Erzählung ist indirekt autobiographisch: Auch ich hatte eine persönliche Krise zu meistern, in meinem Fall eine schwere Krankheit. Die Zwölf Schritte haben mir geholfen und mich gelehrt, die Freude am Leben wiederzugewinnen.«

01/1654/01/R

PIPER

Sergio Bambaren

Die Zeit der Sternschnuppen

Aus dem Englischen von Clara Lind. 151 Seiten
mit 10 farbigen Illustrationen von Dave Cutler. Gebunden

Die klügsten Theorien haben wir heute parat, wenn es um das Firmament mit seinen blitzenden Lichtern geht. Doch keine Logik der Welt kann den romantischen Zauber einer Nacht erklären, die von funkelnden Sternbildern erhellt wird. Nichts kann die magische Kraft des Vollmonds belegen oder beweisen, wie eine einzige Sternschnuppe dafür sorgt, daß in allen Ländern der Erde gleichzeitig Träume in Erfüllung gehen und Liebende zueinanderfinden. Denn dafür braucht es viel mehr: Achtsamkeit, Hoffnung und die Bereitschaft zu glauben. Das weiß auch Chandra, ein alter Sherpa: Während einer Nacht unter freiem Himmel auf fünftausend Metern weiht er den Erzähler in sein Wissen ein. Chandra offenbart ihm mehr über die Wunder des Universums, als er je für möglich gehalten hätte – mit den einfachsten Worten, aber der Weisheit des Herzens.

01/1378/01/R

PIPER

Sergio Bambaren
Der träumende Delphin

Eine magische Reise zu dir selbst. Mit 10 farbigen Illustrationen von Heinke Both. Aus dem Englischen von Sabine Schwenk. 95 Seiten. Serie Piper

Der internationale Bestseller bezaubert die Menschen auf der ganzen Welt:
»Der träumende Delphin« ist eine wunderbare Geschichte über unseren Mut, unsere Ängste und unsere persönlichen Grenzen. Dieses Buch erinnert uns daran, daß es mehr im Leben gibt, als man auf den ersten Blick wahrnimmt: Dinge, die wir nur entdecken können, wenn wir sowohl unseren eigenen Prinzipien als auch unseren Herzen folgen. Es ist eine Geschichte voller Hoffnung, die ein Stück des Zaubers dieser Welt enthüllt, der allzu oft in Vergessenheit gerät. Folgen Sie Ihren Träumen, hören Sie auf Ihre innere Stimme, und lassen Sie sich von Daniel Alexander Delphin auf die zauberhafteste Reise entführen, die es gibt: auf die Suche nach der eigenen Bestimmung.

01/1242/01/R